OS CIENTISTAS
SEMPRE ESTARÃO NA LINHA DE FRENTE

EDWAR MONTENEGRO

Dados Internacionais de Catalogação na Publicação (CIP)
(Câmara Brasileira do Livro, SP, Brasil)

```
Montenegro, Edwar
    Os cientistas sempre estarão na linha de frente /
Edwar Montenegro. -- 1. ed. -- Teresina, PI :
Ed. do Autor, 2023.

    Bibliografia.
    ISBN 978-65-00-63201-9

    1. Astronomia 2. Cientistas 3. Cosmologia
4. Evolução (Biologia) 5. Humanidade 6. Origem da
vida 7. Universo - Origem I. Título.

23-146518                              CDD-576.83
```

Índices para catálogo sistemático:

1. Origem da vida : Biologia   576.83

Aline Graziele Benitez - Bibliotecária - CRB-1/3129

www.edwardmontenegro.com

Conteúdo

Prefácio

$\mathcal{C}$omo um apaixonado pela ciência, tenho uma profunda admiração pelos cientistas que ao longo da história têm dedicado suas vidas à busca de conhecimento e de compreensão do universo e de nós mesmos. Este livro, "Os cientistas sempre estarão na linha de frente", retrata a importância dos cientistas em nossa sociedade e como eles são fundamentais para o avanço da humanidade.

Desde os primórdios da civilização, os cientistas têm sido os guardiões da compreensão do mundo ao nosso redor. Eles foram os primeiros a descobrir como medir as posições das estrelas e dos planetas no céu, e a como determinar nossa posição no espaço e no tempo. Eles foram responsáveis por todo o desenvolvimento tecnológico que vemos hoje, desde a internet, medicamentos, videogames e até viagens espaciais.

Mas a importância dos cientistas vai além disso. Eles também são os guardiões de nosso futuro, ajudando a construir um mundo melhor para a humanidade. A ciência é uma das mais importantes ferramentas para o progresso humano, permitindo-nos resolver problemas e enfrentar desafios, além de compreender melhor a nós mesmos e o universo ao nosso redor.

Eu acredito firmemente que para construir um futuro melhor é fundamental valorizar os cientistas, a ciência e o método científico. A ciência é um processo contínuo de perguntas e respostas, e os cientistas são os líderes desse processo. Eles são os que irão nos guiar para uma compreensão mais profunda do universo e de nós mesmos, e para um futuro mais brilhante para a humanidade.

Este livro é uma declaração de amor à ciência e uma homenagem aos cientistas que nos ajudaram a chegar onde estamos hoje. Mais do que isso, é uma chamada à ação para que todos possamos nos unir em prol do progresso do conhecimento e da compreensão da dinâmica do universo. Com este livro, espero inspirar uma nova geração de pensadores e cientistas, além de diminuir a distância entre o conhecimento científico e aqueles que ainda não tiveram a oportunidade de conhecer o trabalho dos cientistas e os métodos utilizados pela ciência. Junte-se a nós nesta jornada rumo ao infinito!.

Como escritor deste humilde livro, gostaria de expressar minha profunda gratidão a todos os cientistas que dedicaram suas vidas à busca do conhecimento e da verdade, e cujos trabalhos foram uma fonte constante de inspiração para mim.

Ademais, gostaria de agradecer a minha esposa, a professora Aline Oliveira, por suas valiosas contribuições na revisão literária deste texto e por me incentivar na realização de meus sonhos, por mais estranhos que sejam. A meu filho Arthur, por me inspirar diversas vezes a continuar em busca de meus sonhos. Também quero agradecer aos professores Me. Ayrton Vasconcelos, Dr. Heurison de Sousa e Dra. Marcília Pinheiro, por serem meus guias no mundo da ciência, peças fundamentais de minha formação como pesquisador e por terem aceitado o desafio de me orientar durante a graduação, mestrado e doutorado, respectivamente.

Minha sincera gratidão também é para dois de meus grandes amigos, os professores de Física Francisco Peixoto e Gilson Silva. Ao longo da última década eles foram companheiros inseparáveis em cada projeto e caminhada científica realizadas pela *Graviton Scietific Society* (GSS) e contribuíram significativamente com debates e sugestões em cada tópico abordado neste livro.

Sou grato ao professor, Dr. Jussiê Soares, pela oportunidade de participar de diversos eventos científicos realizados nos campus dos IF's e por cada encorajamento para continuar nesta área da ciência. Do mesmo modo, ao professor Lindemberg Lemos, por convidar-me a participar de inúmeras palestras e debates realizados em escolas da educação básica, onde tive a oportunidade de debater, aprender e divulgar os avanços científicos nas diversas áreas do conhecimento.

Meu agradecimento ao astrônomo amador da GSS, Aluísio Andrade, por compartilhar conosco seu entusiasmo pela astronomia e por ceder-me por diversas vezes seu telescópio, para realizar minhas observações astronômicas. Do mesmo modo, ao professor Werton Costa, o "homem do tempo", pelo compartilhamento de seus conhecimentos e pelo encorajamento nesta caminhada científica. De maneira semelhante, ao professor Irapuan filho que contribuiu de maneira imensurável com as ideias abordadas neste livro durante as muitas lives que realizamos juntos nas redes sociais.

Devo agradecer infinitamente a todos meus colegas e ex-colegas do Programa Cidade Olímpica Educacional, pela oportunidade de vivenciar a experiência de trabalhar com astronomia na educação básica, assim como participar de diversos projetos, incluindo orientar a equipe vencedora do Norte e Nordeste na Olimpíada Brasileira de Satélites, especialmente às professoras Valdete Silva, Maria do Desterro, Francisca Regina e Elinalva Barbosa e o professor Carlos André, por sempre incentivarem-me e contribuírem com a discussão de algumas ideias abordadas neste livro.

Meu agradecimento também vai para minhas amigas, Valeria Noronha, por suas grandes contribuições na divulgação de meus projetos científicos, Aline D. Souza pelas sugestões realizadas no texto do livro, Tabita Moraes e Luísa Santos pela parceria em diversos projetos e à equipe da Ep.Spacebr na pessoa de Heugenio Preza e de Davi Souza, pela oportunidade que recebi para ser o redator chefe da revista Ciência, Espaço e Tecnologia.

Não posso esquecer de dois grandes amigos, o físico Teórico Manel Rosa Martins, por suas grandes contribuições com suas palestras e debates científicos nos diversos eventos organizados pela GSS, e o professor Adriano Aubert S. Barros, do observatório astronômico

Genival Leite Lima, de Alagoas, pela oportunidade de escrever meus textos sobre exploração espacial para a revista ROAGLL.
Finalmente, meu maior agradecimento é para vocês meus queridos leitores por seu interesse nesta obra e por compartilhar minha paixão pela ciência e sua importância para a humanidade.

Edwar Montenegro
Teresina - 2023

Capítulo I

Os cientistas e a ciência

A ciência é uma série de julgamentos, revisados sem cessar.

Pierre Émile Duclaux

A ciência é muito mais do que um monte de fatos e leis; é uma aventura emocionante em busca da verdade.

Carl Sagan

Eu nasci e vivi até meus 15 anos num lugar onde não existiam estradas, água encanada, energia elétrica e nem bibliotecas, motivo pelo qual seria desnecessário descrever outras características relacionadas à vida diária naquele local. Porém, fazendo uma viagem ao meu passado e realizando um escrutínio de todas as informações arquivadas cuidadosamente no meu cérebro, posso ver que, desde o momento em que tive a capacidade de armazenar meus sonhos e desejos, sempre tive uma vontade inexplicável por entender como o universo funciona.

Assim, aos meus seis anos de idade, quando comecei a frequentar a pequena escola da minha comunidade, um dia, enquanto vasculhava uma velha estante, descobri um livro antigo e empoeirado que falava sobre a existência de outros oito planetas e que, juntamente com a Terra, formavam algo chamado Sistema Solar[1]. A partir daquele dia não conseguia parar de pensar como as pessoas que escreveram esse livro tinham certeza daquilo? Como eles faziam para saber da existência desses planetas? E que outras coisas essas pessoas poderiam saber? E, além disso, como eu poderia me tornar uma daquelas pessoas?

Com esses pensamentos vagando por cada neurônio de meu cérebro, passei o restante dos anos no ensino fundamental, agravado

---

[1]Naquela época Plutão ainda era considerado um planeta. Foi apenas no ano 2006, que a União Internacional da Astronomia com a **RESOLUÇÃO B5**, que fala sobre "Definição de um planeta no Sistema Solar" fez uma nova classificação dos corpos do Sistema Solar, com a qual Plutão ficou definido na categoria de planeta anão

por ter que lidar com uma ameaça crescente, que parecia ser o assunto mais comentado entre os moradores da minha cidadezinha. Por volta daqueles anos, parecia que todas as pessoas adultas que eu conhecia acreditavam e falavam que no ano 2000 seria o fim do mundo.

Até que finalmente esse dia chegou. Esperamos dar a meia-noite da virada do ano 1999 para o ano 2000 e, aparentemente, nada aconteceu, passaram-se dias, semanas, meses, acabou o ano e nada de extraordinário aconteceu. Esse fato me fez pensar se seriam confiáveis todas as coisas que eu li nos livros a respeito dos planetas do Sistema Solar, ou se essas pessoas também poderiam estar erradas a respeito dessas informações.

Durante todo o ensino fundamental sempre tirei as mais altas notas possíveis em todas as matérias disponibilizadas na escola, também tive a oportunidade de conhecer alguns professores, mas nunca tive a oportunidade de conversar com alguém sobre a diferença entre aquelas pessoas que escreviam sobre o fim do mundo e as que falavam da existência de outros planetas no Sistema Solar.

Mas tudo isso mudou um dia. Infelizmente, não foi na escola, mas sim quando viajei para a capital de meu país, para morar na casa de pessoas conhecidas da minha família. Aqui eles não apenas tinham energia elétrica na casa, mas também TV por assinatura, na qual poderia escolher alguns canais que passavam documentários sobre ciência e, assistindo um deles, descobri que aquelas pessoas que ficaram nos meus pensamentos por alguns anos, eram chamadas de "cientistas".

Naquele dia eu tive a plena convicção de que não importavam as coisas que eu precisasse fazer ou o lugar onde tivesse que ir, seria um cientista. Nunca na minha vida tive tanta certeza de algo, como do amor incondicional que sinto pela ciência, pois ela seria a única capaz de satisfazer aquele desejo de compreender como o mundo funciona, ou pelo me nos, tentar compreender. Assim, comecei o ensino médio com as mesmas dificuldades do ensino fundamental, porém com o agravante de estar longe da minha família. No entanto, sempre entendi que todo esse sacrifício faria parte do caminho que me levaria a alcançar meus sonhos.

Passei todos os anos do ensino médio, um pouco isolado. Parecia não existir muitas pessoas na escola que se interessassem em conversar sobre ciência, ou que tivessem sonhos parecidos. Mas, isso também não faria diferença, estava bem disposto a fazer essa longa caminhada, mesmo que fosse sozinho, porém com a esperança de um dia descobrir como me tornar um cientista. Foi apenas no último ano do ensino médio que conheci uma pessoa que pensava muito parecido comigo, que tinha os mesmos sonhos e desejos de conhecer o mundo.

No começo de um ano letivo, durante o ensino médio, quando estava na mesma sala que essa pessoa, que queria também ser um cientista, surgiu uma certa rivalidade. Nós dois queríamos tirar as notas mais altas da sala. Logo depois, nos tornamos grandes amigos e passamos quase o ano todo falando sobre ciência, cientistas e robôs, algumas vezes inclusive com vontade de faltar a aula para ler os livros sobre ciência, mas como não podíamos fazer isso, algumas aulas ficávamos no fundo da sala conversando sobre experiências e descobertas científicas. Foi nessa época que eu escutei pela primeira vez o termo buraco negro.

O simples termo buraco negro, me levaria a uma grande descoberta: a existência de um ramo da ciência chamada Física. Ao saber que a Física era a ciência que estuda o universo, senti que tinha encontrado o caminho certo a seguir e, assim, fiz vestibular para o curso de Física. Consegui ser aprovado e isso me levou a criar muitos sonhos e expectativas, das quais uma grande porcentagem foram frustradas, talvez em parte por não compreender que a graduação é apenas um curso básico e não uma formação para ser cientista.

Ao longo da época que fiz a graduação em Física, encarei todos os desafios possíveis impostos pela vida, incluindo a morte de meu pai e de minha mãe, entre outros. Porém, esse amor pela ciência que mencionei anteriormente serviu como combustível para poder concluir esse curso.

Mesmo com algumas expectativas frustradas, sou grato a muitos professores que durante a graduação possibilitaram a mim conversar e discutir sobre ciência, e aos colegas que conheci e que são meus grandes amigos até a atualidade e parceiros de projetos de divulgação científica. Não posso deixar de expressar minha gratidão a meu orientador que aceitou o desafio de orientar um aluno, cujo trabalho falava de novos mecanismos para colocar cargas úteis no espaço. Esse trabalho, apesar de ser simples, basicamente uma revisão da literatura, mostrou-me o caminho para ser um cientista e fez-me perceber que, apesar de ter dado meus primeiros passos rumo à realização daquele sonho de criança, o caminho seria longo e tortuoso.

Já na Pós-graduação, apesar das limitações impostas pela burocracia, tive a sorte de ingressar num dos melhores programas e de realizar pesquisas científicas. As coisas finalmente começaram a se encaixar perfeitamente como peças de um quebra-cabeça que eu vinha tentando montar a quase três décadas.

Apesar de todos os reveses e dificuldades que sofri nessa caminhada, minha paixão pela ciência nunca mudou e, dentro das minhas limitações, sempre mostrei um amor profundo e uma dedicação incansável pela busca da verdade e do conhecimento. Assim, como muitas pessoas, eu enfrentei alguns desafios e superei diversos obstáculos em minha jornada, mas nunca perdi o entusiasmo por aquilo que acreditava.

Como cientista, estou apenas no início da minha jornada, mas já sinto muita felicidade por estar começando lentamente a viver aquele desejo cheio de sonhos de uma criança que nem sequer sabia que existia a palavra ciência. Talvez esse desejo por ser cientista, essa obstinação pelo conhecimento e essa vontade de compreender o universo seja algo inexplicável, apenas seja um desejo natural, tanto quanto o de viver, talvez seja o universo querendo conhecer a si mesmo.

Tomei a liberdade de compartilhar com vocês um pouquinho da minha história pessoal, com o objetivo de mostrar que trabalhando duro, estudando com paixão e perseverança podemos tornar nossos sonhos em realidade. Mesmo quando as coisas parecem impossíveis, podemos superar muitos obstáculos e enfrentar desafios incríveis.

Toda vez que olho para trás na minha vida, vejo minha história como um lembrete poderoso de que não importa de onde viemos ou quais obstáculos enfrentamos, podemos alcançar nossos sonhos com dedicação, esforço e amor incondicional pela ciência. O conhecimento é uma força poderosa que pode nos levar além de nossas limitações, transformar nossas vidas e mudar o mundo para melhor.

Por isso, a mensagem que eu gostaria de compartilhar com todos aqueles que têm sonhos parecidos é: nunca desistam. Sejam apaixonados, comprometidos e perseverantes. Acreditem em si mesmos e em seu potencial. E, acima de tudo, amem a ciência e suas possibilidades. Com isso, vocês podem alcançar grandes coisas e fazer uma diferença real no mundo.

Finalmente, gostaria de salientar que, intelectualmente, de certa forma, eu não estive sozinho nesta aventura. Nestes últimos anos fui acompanhado por cada palavra cheia de conhecimento escrita pelos cientistas Carl Sagan e Richard Dawkins, em suas dezenas de livros e artigos publicados ao longo de suas vidas, os quais eu tive o prazer de passar a última década da minha vida lendo e relendo.

O que é um cientista?

Os cientistas são pessoas que dedicam suas vidas a explorar o mundo natural e a entender como as coisas funcionam. Eles são curiosos, criativos e apaixonados por descobrir a verdade sobre o universo e tudo o que há nele.

Os cientistas passam anos na escola, na faculdade e na Pós-graduação, aprendendo tudo o que podem sobre o mundo natural e as leis da física, da química e da biologia. E, mesmo depois de anos de estudo, a aprendizagem não para. Os cientistas continuam aprendendo e descobrindo coisas novas todos os dias.

Todo esse trabalho e dedicação é necessário para garantir a sobrevivência da humanidade. Os cientistas trabalham para resolver os desafios que enfrentamos como espécie, desde mudanças climáticas até doenças e fome. Eles buscam maneiras de nos ajudar a viver melhor, mais saudáveis e mais sustentáveis.

Os cientistas trabalham para desenvolver novas tecnologias, para criar medicamentos mais eficazes e para encontrar soluções para problemas complexos. E, muitas vezes, isso significa trabalhar sob condições difíceis e arriscadas.

Mas, apesar de todos os desafios, os cientistas continuam avançando e fazendo a diferença. Eles nos mostram que, com perseverança, dedicação e um amor pela verdade, podemos descobrir coisas que mudam o mundo.

Então, meus caros leitores, vamos valorizar e apoiar nossos cientistas. Eles são os heróis silenciosos que trabalham incansavelmente para garantir nosso futuro e a sobrevivência da humanidade.

Qualquer pessoa, pode se tornar um cientista, não existe nenhuma proibição imposta pelas leis da natureza. Contudo, algumas estatísticas apontam que as pessoas mais aptas a se tornarem cientistas são aquelas com perfil investigativo, com resistência a muitas horas sem dormir, com senso crítico, curiosas e organizadas.

Cientistas possuem uma alta performance no quesito acadêmico e

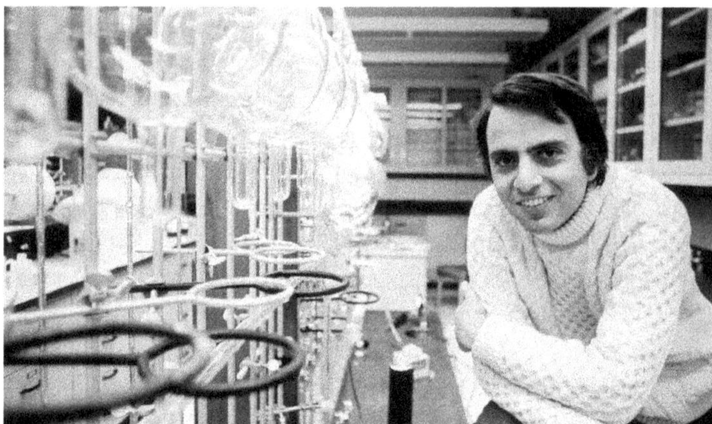

Figura I.1: Carl Sagan foi um dos cientistas mais populares do século XX e é responsável por inspirar milhares de novos cientistas ao redor do mundo, ainda nos dias atuais. Créditos: SANTI VISALLI INC., GETTY (Natgeo).

socioemocional. São profissionais talentosos, aptos a desempenhar com eficiência diversos labores, seja como pesquisadores, professores, administradores, coordenadores de projetos, peritos, consultores em órgãos públicos, empresas privadas, entre outras. Eles são indispensáveis para o progresso e a sobrevivência da humanidade e sempre estarão na linha de frente em todos os aspectos e áreas do conhecimento humano. Porém, mesmo com todas essas qualidades, continuam a ser humanos.

Você e eu temos o privilégio de viver numa época em que todos podem ter acesso ao conhecimento sobre o universo. Porém, nem sempre foi assim, muitos cientistas que estavam na linha de frente, expandindo o conhecimento humano, receberam fortes retaliações, que implicaram na perda de suas liberdades individuais ou inclusive de suas vidas. Devemos gratidão à coragem e à determinação de cientistas como Jordano Bruno, Galileu Galilei e Immanuel Kant, pelo heroísmo ao questionar preceitos de outrora. O legado que eles deixaram serviu de base para as próximas gerações de cientistas colocarem a humanidade onde está hoje.

Como você pode ter percebido, desde tempos imemoriais, os cientistas têm sido os exploradores da humanidade, empenhados em desvendar os segredos do universo e compreender a natureza que nos cerca. Eles são os guardiões da curiosidade e da busca pelo conhecimento, e, por meio de suas descobertas, mudam a forma como vemos o mundo e influenciam nossa sociedade.

Cientistas também são gente?

Essa pergunta sempre é feita em tom de brincadeira. Mas a resposta é sim, ao contrário do que estamos acostumados a escutar de que cientistas são "lunáticos" ou outros adjetivos. Cientistas são pessoas como você e eu, ou qualquer outra. Os cientistas são seres humanos como os outros bilhões que existem neste planeta, com seus próprios sonhos, paixões, medos e esperanças.

Cientistas também amam, riem e, às vezes, podem até chorar. Porém, acima de tudo, eles sempre buscam compreender o universo e nossa própria existência. Não há nada de inumano em ser um cientista, é apenas outra forma de explorar e se envolver com o mundo ao nosso redor.

Assim como todas as outras pessoas, cientistas têm suas próprias

Figura I.2: Stephen Hawking é um exemplo de que o amor pela ciência faz superar todas as dificuldades impostas pela vida. Nesta foto podemos ver ele em seu escritório no departamento de matemática aplicada e física teórica da Universidade de Cambridge em 2005. Créditos: Murdo Macleod/The Guardian

personalidades, histórias pessoais e motivações. Alguns cientistas trabalham em equipe, enquanto outros preferem trabalhar sozinhos. Alguns são mais metódicos e minuciosos, enquanto outros são mais intuitivos e criativos.

Além de deixar suas contribuições para o avanço do conhecimento científico, muitos cientistas também têm interesses e atividades fora da ciência. Alguns são professores, atletas, artistas, músicos, escritores, pais, mães, esposos(as) e "donos de casa". Muitos também estão comprometidos com causas sociais e políticas, e usam sua plataforma para promover mudanças positivas no mundo.

Em suma, cientistas também são seres humanos sujeitos aos mesmos desafios e dificuldades que todas as outras pessoas enfrentam. Eles não são imunes a erros ou falhas. A ciência é um processo contínuo e evolutivo, e os cientistas trabalham constantemente para melhorar e aprimorar seus conhecimentos e compreensão do mundo.

A neutralidade dos cientistas e influência das autoridades

Um assunto muito importante a ser mencionado é sobre a neutralidade dos cientistas e sua importância para a integridade da ciência. A ciência é uma busca constante pela verdade, pela compreensão do universo e do nosso lugar nele. É importante que os cientistas mantenham a neutralidade em seu trabalho sem serem influenciados por ideias políticas ou pessoais. Infelizmente, ocasionalmente as autoridades têm influência sobre a ciência e os cientistas, especialmente quando se trata de financiamento ou de desenvolvimento de tecnologias.

Por exemplo, durante a Segunda Guerra Mundial, muitos cientistas foram convocados pelos governos para participar em projetos de desenvolvimento de armas, como o projeto Manhattan. Embora tenham sido desenvolvidas armas tecnológicas de destruição em massa como a bomba atômica, isso não foi por escolha dos cientistas, mas sim por intervenção dos governos.

A neutralidade dos cientistas é crucial para garantir a integridade da ciência e da busca pela verdade. Isso significa que os cientistas não devem ter lado político ou ideias pessoais que possam influenciar nas suas descobertas e conclusões. A ciência precisa ser uma busca constante pela verdade, sempre com a mente aberta e disposta a mudar frente a novos fatos e descobertas.

Mas como podemos garantir a neutralidade dos cientistas? Primeiramente, precisamos reconhecer que todos nós, seres humanos, somos influenciados por nossas crenças e ideias. Por isso, é importante que os cientistas sejam conscientes de suas próprias crenças e busquem mantê-las separadas de suas descobertas e conclusões científicas. Além disso, é importante que a ciência seja financiada de forma imparcial e independente, sem ser influenciada por interesses políticos ou econômicos.

Finalmente, quero destacar que a neutralidade dos cientistas não significa apatia ou falta de opinião. Cientistas podem ter opiniões fortes e participar ativamente da vida política e social, mas devem separar essas opiniões de suas descobertas.

Cientistas, professores e divulgadores científicos

Cada um desses grupos tem papéis importantes e únicos na popularização da ciência e na disseminação de conhecimento, e é válido entendermos as diferenças entre eles.

Vamos começar com os cientistas. Cientistas são profissionais que dedicam suas vidas à pesquisa e à busca pelo conhecimento. Eles trabalham em laboratórios, universidades e instituições de pesquisa, conduzindo experimentos, coletando dados e analisando resultados. Os cientistas são responsáveis por realizar avanços significativos em nossa compreensão do universo e da vida e suas descobertas são frequentemente publicadas em revistas científicas.

Os professores são outro grupo importante na popularização da ciência. Eles ensinam aos estudantes em salas de aula, transmitindo conhecimento e inspirando a próxima geração de cientistas e divulgadores científicos. Além de ensinar os conceitos básicos, os professores também podem ser influentes na forma como os estudantes pensam sobre a ciência e a pesquisa.

Por fim, temos os divulgadores científicos. Esses profissionais têm como objetivo tornar a ciência acessível e compreensível para o público em geral. Eles usam uma variedade de mídias, incluindo livros, artigos, palestras e programas de televisão, para explicar conceitos científicos complexos de maneira clara e acessível. Os divulgadores científicos são especialmente importantes nas redes sociais, onde podem alcançar um público amplo e diversificado com suas mensagens por meio de vídeos mais detalhados ou até mesmo de seus *reels* ou *stories*.

Cada um desses grupos tem papéis importantes e únicos na popularização da ciência e na disseminação de conhecimento, e é importante reconhecer as diferenças entre eles. Os cientistas conduzem a pesquisa e fazem avanços significativos em nossa compreensão do universo. Os professores ensinam a próxima geração de cientistas e divulgadores científicos. E os divulgadores científicos tornam a ciência acessível e compreensível para o público em geral.

Mas, apesar dessas diferenças, todos esses grupos compartilham um objetivo comum: popularizar a ciência e torná-la acessível para todos. A ciência é uma parte fundamental de nossa sociedade e deve ser compartilhada e compreendida por todos, independentemente de formação ou experiência profissional.

É importante ressaltar que a colaboração entre esses três grupos pode ser extremamente valiosa. Os cientistas podem trabalhar com professores e divulgadores científicos para explicar suas descobertas e torná-las compreensíveis para o público em geral. Os professores podem usar os avanços científicos em suas aulas e transmitir essas informações para seus estudantes. E os divulgadores científicos podem usar suas habilidades de comunicação para transmitir informações precisas e atualizadas sobre a ciência para o público.

Para que isso seja possível, primeiramente os cientistas publicam seus resultados em revistas especializadas, também conhecidas como revistas científicas. Essas revistas são publicadas por editoras profissionais e são revisadas por pares (*peer review*), o que significa que os artigos são avaliados por outros cientistas especialistas na área antes de serem aceitos para publicação.

É importante entender a diferença entre cientistas, professores e divulgadores científicos nas redes sociais. Cada um tem papéis importantes e únicos na popularização da ciência e na disseminação de conhecimento.

Cientistas podem ser bem sucedidos?

Ser "bem-sucedido" na vida é o desejo de quase todo ser humano, é um dos fatores que têm mais peso na hora de escolher qual profissão seguir na vida, mas se sua dúvida a respeito dos cientistas é essa, a resposta também é sim! Cientistas podem ser bem-sucedidos em vários aspectos, como na realização de pesquisas inovadoras, descoberta de novos conhecimentos e contribuição para a sociedade por meio de aplicações práticas de suas descobertas.

O sucesso de um cientista também pode ser medido pela sua capacidade de obter financiamento para suas pesquisas, publicar em revistas científicas de alto impacto e ser reconhecido pela comunidade científica.

Alguns cientistas podem ter sucesso financeiro por meio de patentes, licenciamento de tecnologia ou fundação de suas próprias empresas, baseadas em suas descobertas científicas. Outros cientistas podem não ter tanto sucesso financeiro, mas ainda assim podem contribuir significativamente para o avanço do conhecimento científico.

 No geral, a remuneração dos cientistas pode ser menor em comparação com outras profissões similares, mas a verdadeira recompensa pode ser o impacto de suas descobertas na sociedade e o conhecimento adquirido, além da imortalidade de seu nome nos livros de história e de ciência, escritos nas próximas gerações.

Alguns cientistas têm se tornado conhecidos por seu trabalho e suas opiniões, e podem ter uma grande influência na sociedade. Alguns

Figura I.3: O Prêmio Nobel de Física de 2022 foi concedido em conjunto a Alain Aspect (esquerda), John F. Clauser (centro) e Anton Zeilinger (direita) por experimentos com fótons emaranhados, estabelecendo a violação das desigualdades de Bell e sendo pioneiro na ciência da informação quântica. Créditos: Divulgação do Prêmio Nobel (Nobelprize.org)

exemplos recentes incluem cientistas que se tornaram "estrelas" por meio de suas aparições em programas de televisão, palestras populares e participações ativas nas redes sociais.

Eles usam essa atenção para promover a ciência e educar o público sobre questões científicas importantes. No entanto, é importante notar que esses cientistas *pop star* são uma minoria e a maioria dos cientistas trabalham em laboratórios e universidades, realizando pesquisas e publicando artigos científicos, sem se tornarem tão conhecidos pelo grande público. Um parâmetro que determina que um cientista chegou ao topo de sua carreira é ganhar um Prêmio Nobel, pois é uma das mais prestigiosas honrarias científicas do mundo, e muitos cientistas têm sido premiados por suas contribuições para a ciência. O prêmio é concedido anualmente em seis categorias: Física, Química, Medicina ou Fisiologia, Literatura, Paz e Economia. Cientistas de todo o mundo podem ser indicados para o prêmio e os vencedores são escolhidos por comitês especiais de cada categoria. Receber o Prêmio Nobel é considerado um grande reconhecimento da comunidade científica e pode ter um impacto significativo na carreira de um cientista.

Para você conhecer mais sobre as vantagens de um cientista que ganha o Prêmio Nobel, vou listar algumas das principais:

- Reconhecimento: Ganhar o Prêmio Nobel é considerado o mais alto reconhecimento em sua área de estudo, e isso pode aumentar significativamente a visibilidade e a credibilidade de um cientista.

-Prestígio: Os vencedores do Prêmio Nobel são considerados entre os maiores cientistas da atualidade, e isso pode ajudar a estabelecer a posição de um cientista como líder na sua área.

-Financiamento: Ganhar o Prêmio Nobel pode aumentar as chances de um cientista obter financiamento para suas pesquisas futuras.

-Impacto: O Prêmio Nobel pode ajudar a destacar as contribuições de um cientista para a ciência e para a sociedade, o que pode ter um impacto significativo em como suas descobertas são percebidas e utilizadas.

-Valor financeiro: O Prêmio Nobel é acompanhado de uma quantia em dinheiro considerável, que pode ser usada para financiar a continuidade dos estudos do vencedor, ou outras necessidades pessoais.

Classes de cientistas

Assim como em outras áreas, existem muitos tipos de cientistas, cada um com habilidades e conhecimentos únicos. Alguns dos tipos mais comuns incluem Biólogos - que são os cientistas que estudam a vida e seus processos, incluindo organismos, seres vivos, sua estrutura, função e evolução, e nesta mesma categoria se encaixam os astrobiólogos que estudam a possibilidade de vida fora da Terra.

Existem também os cientistas que são Químicos - Pessoalmente tenho alguns amigos nessa área, que são os cientistas que estudam a composição, a estrutura e as propriedades da matéria e suas reações químicas.

Alguns dos cientistas mais populares ao longo do último milênio são os Físicos - que são profissionais que dedicam suas vidas a estudar a natureza e as leis do universo, incluindo a mecânica, a energia, a matéria e a radiação. Não posso esquecer também de mencionar os Geólogos - que estudam a Terra, incluindo sua estrutura, composição, história e processos geológicos.

Na atualidade alguns dos cientistas mais populares nas redes sociais incluem os Astrônomos - que são cientistas dedicados a estudar os corpos celestes, incluindo planetas, estrelas, galáxias e a evolução do universo.

Estes são apenas alguns exemplos de tipos de cientistas. Existem muitos outros campos de estudo, cada um com sua própria abordagem para solucionar problemas e compreender o mundo e ainda é possível classificar os cientistas em dois grandes grupos: Teóricos e

Experimentais.

Cientistas teóricos são aqueles que utilizam modelos matemáticos, simulações e outras teorias para compreender o funcionamento do universo e para explicar fenômenos naturais. Eles não realizam experimentos diretamente, mas utilizam seus modelos para fazer previsões sobre o comportamento de sistemas físicos, biológicos e outros. Por outro lado, cientistas experimentais são aqueles que realizam experimentos e coletam dados para testar teorias e hipóteses. Eles trabalham em laboratórios, colhem amostras e realizam medições precisas para verificar se as previsões teóricas correspondem aos resultados observados. Eles usam tanto teorias já estabelecidas quanto novas para explicar seus resultados e formular novas hipóteses.

No passado, os cientistas experimentais estavam na linha de frente ampliando as fronteiras do conhecimento humano. Muitas vezes eram realizados os experimentos e a partir dos dados encontrados eram formuladas as teorias. Já na atualidade os cientistas teóricos estão muito na frente dos cientistas experimentais e seria muito raro um cientista atual ir para o laboratório para realizar um experimento sem uma base teórica.

Apesar dessas pequenas diferenças, na atualidade os cientistas teóricos e experimentais trabalham juntos para desenvolver uma compreensão mais completa do universo e seus processos. Enquanto cientistas teóricos fornecem uma visão teórica dos fenômenos, cientistas experimentais fornecem dados concretos para verificar e validar as teorias.

Cientistas são confiáveis?

Nas páginas anteriores mencionei que quando criança, surgiram-me algumas dúvidas quanto à confiabilidade dos cientistas. Essa inquietação foi gerada por não conhecer os métodos e processos que os cientistas utilizam para realizar suas descobertas e acredito que, pelo mesmo motivo, algumas pessoas têm suas desconfianças quanto à ciência e aos cientistas. Mas, respondendo à pergunta: Sim, os cientistas são confiáveis.

Nestas próximas linhas vou justificar o porquê. Os cientistas são os maiores defensores da verdade e da integridade intelectual. Eles estão comprometidos com o método científico e com o processo rigoroso de testar e de validar teorias por meio da coleta e da análise de dados. A ciência é uma rede interconectada de conhecimento que é construída ao longo do tempo, com cada nova descoberta sendo testada e revisada pelos pares.

A confiabilidade dos cientistas é mantida por meio de uma cultura de transparência e de honestidade, em que todos são incentivados a compartilhar suas descobertas e resultados para que outros possam testá-los. Além disso, a ciência é constantemente revisada e atualizada à medida que novos dados são coletados e novas teorias são desenvolvidas.

Portanto, podemos confiar na ciência e nos cientistas para nos fornecer as melhores informações e insights sobre o mundo que nos cerca. Eles são os guardiões da verdade e a luz da razão, sempre buscando a compreensão e a sabedoria ao longo de suas jornadas científicas.

As novas descobertas realizadas por cientistas são frequentemente submetidas a revisão por pares para garantir sua precisão e validade. No entanto, como em qualquer campo, há exceções e raramente há casos de fraude científica. Para diminuir ao máximo esse problema, a comunidade científica trabalha constantemente para identificar e corrigir erros e enganos, para garantir que a ciência seja tão precisa quanto possível. O conhecimento científico é uma ferramenta de-

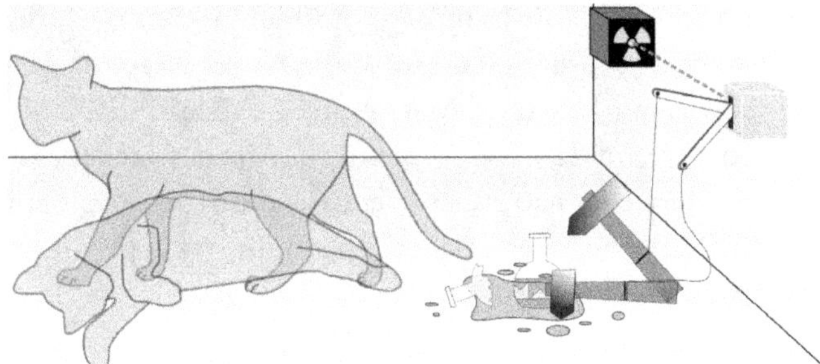

Figura I.4: O gato de Schrödinger é uma metáfora utilizada na física quântica para explicar o paradoxo da superposição. A ideia é que um gato pode estar simultane-amente vivo e morto, ao mesmo tempo, até que seja observado.

senvolvida a um custo muito grande pela humanidade e levou dezenas de gerações para chegar ao estágio atual. Essa ferramenta foi desenvolvida com a única finalidade de descrever a natureza e os cientistas têm um profundo respeito pela natureza. Assim, os cientistas são profissionais confiáveis e quando anunciam uma nova descoberta, esteja certo de que antes disso, ela foi testada, repetidas vezes para garantir a veracidade dos resultados.

Afinal, se os cientistas não forem confiáveis para relatar honestamente os resultados de seus trabalhos, inventassem dados para apresentá-los como resultados de medições reais e alterassem os resultados para fazer parecerem melhores, como confiarmos na ciência para produzir conhecimento genuíno?

Certa vez um famoso cientista da área de Física Quântica, chamado Erwin Schrödinger – se você ainda não conhece, talvez você já tenha ouvido falar pelo menos no gato mostrado na figura I.4 dele![2] Enfim, este brilhante cientista teria dito uma vez que toda a ciência pressupõe a verdade da "hipótese que a exibição da Natureza pode ser compreendida". Isso parece certo. Afinal, se a Natureza/o mundo ao nosso redor não pudesse ser entendido (pelo menos num nível superficial), não haveria ciência e nenhuma razão para se engajar em atividades científicas.

O que é ciência?

A ciência é uma abordagem sistemática para compreender e explicar o mundo ao nosso redor. É uma ferramenta poderosa para desven-

---

[2]O Gato de Schrödinger é uma experiência mental, frequentemente descrita como um paradoxo, desenvolvida pelo físico austríaco Erwin Schrödinger, em 1935. A experiência procura ilustrar a interpretação de Copenhague da mecânica quântica, imaginando-a aplicada a objetos do dia a dia. No exemplo, há um gato encerrado em uma caixa, de forma a não estar apenas vivo ou apenas morto, mas sim em uma sobreposição desses dois estados.

dar os segredos do universo, da natureza e da humanidade. A ciência busca responder às nossas perguntas sobre como as coisas funcionam e porque são da forma como são, usando métodos rigorosos e verificáveis. A ciência é uma jornada emocionante para compreender a realidade que nos cerca, da natureza dos planetas aos segredos da vida e da consciência e não se trata apenas de fatos e números, mas também de perguntas profundas e de uma busca constante pelo conhecimento.

A ciência não tem medo de mudar de opinião à medida que novas descobertas são feitas. Ao contrário, é isso que a torna tão poderosa e confiável. Sempre buscamos as respostas mais precisas e verificáveis, e os cientistas não hesitam em mudar de direção se as evidências assim o exigirem.

Eu sempre defenderei a ciência, pelo fato de ser a mais importante conquista da humanidade, pois, graças a ela, podemos compreender melhor o universo e, consequentemente, a nós mesmos. A ciência nos oferece uma visão clara e objetiva da realidade e nos permite tomar decisões informadas sobre o futuro.

Todos os progressos tecnológicos em todas as áreas e tudo o que sabemos hoje sobre o universo é graças à ciência. Quando falo universo, estou me referindo às galáxias, buracos negros, estrelas, planetas, pessoas, plantas, neurônios, órgãos, átomos, internet de alta velocidade, fibra óptica, antibióticos, computadores, robôs, alimentos melhorados geneticamente e muitas outras coisas. Tudo o que você consegue ver ao seu redor, incluindo alguns animais e plantas, tem uma intervenção direta ou indireta da ciência. Se formos mais criteriosos, até boa parte das pessoas já tiveram intervenção direta da ciência. No meu caso, uso óculos para enxergar melhor e tenho três parafusos no ombro esquerdo, também.

A ciência é um processo sistemático de coleta, de registro e de interpretação de informações. É baseada em métodos objetivos e verificáveis, incluindo experimentos, observações e análises estatísticas. O objetivo da ciência é compreender o mundo natural e explicar os fenômenos que ocorrem nele. A ciência é dividida em várias disciplinas, incluindo Física, Química, Biologia, Medicina, Geologia, Astronomia, entre outras. Cada disciplina tem seus próprios métodos e técnicas para investigar e entender o mundo natural.

A ciência também é um processo contínuo, o que significa que as teorias e os conhecimentos científicos são constantemente revistos e atualizados, à medida que novos dados e descobertas são feitas. A ciência é também baseada na comunicação e no debate, em que as ideias são compartilhadas e avaliadas pelos pares.

Além de fornecer entendimento sobre o mundo natural, a ciência também tem muitas aplicações práticas, como a tecnologia, a medicina, a engenharia e a agricultura, entre outras. A ciência e a tecnologia são fundamentais para o desenvolvimento e progresso humano. A ciência é para os cientistas, como o oxigênio é para os seres vivos na Terra, ela proporciona excitação e prazer.

A ciência também é uma aventura tão emocionante, que aprender é como qualquer habilidade atlética para o atleta ou habilidade artística para o artista. A ciência não se baseia na especulação e na inferência externa. Toda imaginação científica deve ser confrontada com uma realidade que constantemente surpreende o cientista. Cada decepção - e há muitas – faz a teoria mudar, não a realidade.

Porém, para a ciência progredir constantemente, o talento e o esforço dos cientistas não são suficientes, precisa também de um investimento econômico, pois quanto mais atenção e investimento são destinados a um problema, mais instrumentos são criados para sondá-lo, a história fica mais completa e teorias mais antigas se desfazem.

Podemos concluir assim que a Ciência é um conjunto de métodos e princípios sistemáticos que buscam entender e explicar fenômenos naturais. Isso inclui a coleta de dados por meio de experimentos e de observações, a interpretação desses dados por meio de teorias e modelos e a comunicação dos resultados para a comunidade científica. A ciência também é caracterizada por uma abordagem cética, ou seja, busca sempre evidências para suportar ou refutar suas hipóteses e teorias.

Assim como algumas pessoas podem celebrar suas conexões com o universo com poesia, música, dança, pinturas, escultura, peças de teatro, romances e ensaios, para nós cientistas, a ciência também apodera-se da imaginação e enche nossos corpos com admiração e o formigamento da descoberta.

O que é o método científico?

O método científico é uma ferramenta essencial para o avanço da ciência e da nossa compreensão do mundo ao nosso redor.

O método científico é um processo sistemático e organizado que os cientistas usam para investigar fenômenos naturais e desenvolver teorias sobre como o mundo funciona. Embora existam muitas variações e adaptações do método científico, a maioria dos cientistas segue uma estrutura básica de etapas.

- A primeira etapa do método científico é a observação. Os cientistas usam seus sentidos para coletar dados sobre um fenômeno natural e, muitas vezes, usam ferramentas e instrumentos para ajudá-los a coletar informações mais precisas. Por exemplo, um astrônomo pode usar um telescópio para observar as estrelas e coletar informações sobre sua cor e brilho.

- A segunda etapa é a formulação de uma hipótese. Com base nas observações, os cientistas desenvolvem uma explicação provisória para o fenômeno natural. Por exemplo, um astrônomo pode formular uma hipótese sobre a causa do aumento da luminosidade de uma estrela.

- A terceira etapa é a realização de experimentos e coleta de dados. Os cientistas projetam experimentos para testar suas hipóteses e coletar dados que possam confirmar ou refutar suas ideias. Por exemplo, o astrônomo pode coletar dados de várias estrelas para comparar sua luminosidade.

- A quarta etapa é a análise dos dados. Os cientistas analisam os dados coletados para determinar se suas hipóteses são suportadas ou refutadas. Se as hipóteses são apoiadas pelos dados, os cientistas podem usar essas informações para desenvolver teorias mais amplas sobre o fenômeno natural. Por outro lado, se as hipóteses são refutadas, os cientistas devem revisá-las e desenvolver novas ideias para explicar os dados.

- A última etapa do método científico é a comunicação dos resultados. Os cientistas devem comunicar suas descobertas e teorias para a comunidade científica e o público em geral. A comunicação é essencial para o avanço da ciência e para permitir que outros cientistas verifiquem e testem as descobertas.

O método científico é importante porque fornece uma estrutura para a investigação científica. Ele ajuda os cientistas a evitar vieses pessoais e a desenvolver explicações objetivas para os fenômenos naturais. Além disso, o método científico é um processo contínuo que permite que os cientistas revisem e refinem suas teorias com base em novas evidências.

Apesar da importância do método científico, muitas pessoas não o entendem completamente. Na educação básica, o método científico é muitas vezes ensinado de forma superficial e não é totalmente integrado ao currículo. Além disso, muitas pessoas não compreendem como o método científico pode ser aplicado em suas vidas cotidianas. Dessa forma a ciência pode parecer distante e inacessível, o que pode levar à desconfiança em relação aos resultados.

A ciência é um empreendimento coletivo?

Sim! A ciência é um empreendimento coletivo. É por meio da cooperação, da troca de ideias e do trabalho em equipe que a ciência é capaz de fazer avanços significativos e chegar a conclusões precisas.

Na ciência, não há lugar para o egoísmo ou para a competição excessiva. Em vez disso, os cientistas trabalham juntos, compartilham suas descobertas e constroem uma compreensão cada vez mais profunda da realidade. Essa colaboração é essencial para superar obstáculos, testar hipóteses e avaliar resultados.

Além disso, a ciência é uma empreitada coletiva porque depende da contribuição de muitos para ser bem-sucedida. Desde a coleta de dados, passando pelo desenvolvimento de teorias e modelos, até a divulgação de resultados e a implementação de soluções, a ciência é um trabalho em equipe.

Enfim, eu diria que a ciência é uma das mais belas expressões da cooperação humana e da busca pelo conhecimento. É por meio da ciência que nós, seres humanos, expandimos nossa compreensão do universo e de nós mesmos, e é por isso que a ciência é, acima de tudo, um empreendimento coletivo.

Cientistas compartilham suas descobertas e conclusões com outros cientistas por meio de publicações e apresentações em conferências, permitindo que outros pesquisadores revisem e avaliem seus trabalhos. Essa revisão por pares é essencial para garantir a validade e a confiabilidade das descobertas científicas, como discutido anteriormente.

A colaboração e o compartilhamento de informações também permitem que os cientistas aproveitem as habilidades e os recursos de outros pesquisadores, o que aumenta a eficácia da pesquisa e permite que os cientistas resolvam problemas mais complexos.

Existe também colaboração entre diversos laboratórios, pelo fato de que alguns laboratórios não têm todos os equipamentos necessários para a realização de um experimento, assim essa colaboração diminui também os custos econômicos nas pesquisas.

A pesquisa científica contemporânea, especialmente na maioria das disciplinas STEM ou STEAM, é massivamente colaborativa. Isso é algo que você pode facilmente observar ao visitar e conhecer as equipes de projetos de pesquisa realizados nas universidades ou até mesmo projetos simples realizados nas escolas para feiras de ciência. Atualmente as equipes de pesquisadores parecem tipicamente esportivas, nas quais existem técnicos e estudantes envolvidos em projetos. Essas equipes podem fazer parte de colaborações maiores com pessoas em outros departamentos ou em outras universidades.

A natureza da ciência é colaborativa e isso se mostra claramente nos registros oficiais das publicações em periódicos revisados por pares, em que a média é de 3 a 5 autores por artigo. Porém, as vezes alguns artigos possuem mais de mil autores, como por exemplo um artigo publicado no ano 2015 sobre física de partículas, produzido por cientistas em todo o mundo colaborando com as equipes que operam o Grande Colisor de Hádrons (LHC) no CERN na Suíça, que detém o recorde de maior contagem de autores em um único artigo com um total de 5.154 autores.

Esses exemplos demonstram que a ciência se tornou cada vez mais colaborativa ao longo das últimas décadas, mas deve-se notar desde já que eles também refletem um dos aspectos menos edificantes da ciência contemporânea. A quantidade e (percebida) qualidade das publicações pode fazer ou quebrar carreiras acadêmicas. Os cientistas têm um forte incentivo para arrecadar o máximo que puderem. Os pesquisadores geralmente se especializam em apenas uma subdisciplina. Consequentemente, projetos que ultrapassam os limites das subdisciplinas requerem mais de um investigador. Cosmólogos

Figura I.5: A exploração espacial é um claro exemplo de empreendimento científico coletivo, em que trabalham milhares de cientistas de diferentes áreas do conhecimento. Nesta foto podemos ver membros da equipe do Perseverance Mars Rover na sala de controle da missão no Laboratório de Propulsão a Jato da NASA enquanto as primeiras imagens chegam momentos após a espaçonave pousar com sucesso em Marte, na quinta-feira, 18 de fevereiro de 2021. Crédito da imagem: NASA/Bill Ingalls.

que estudam galáxias distantes, estrelas ou planetas, por exemplo, colaboram com físicos que trabalham em física atômica, molecular e óptica para descobrir como construir telescópios e entender os dados coletados por eles. Em todos esses casos, então, adquirir conhecimento científico envolve recursos além das capacidades de qualquer indivíduo. O trabalho em equipe é cognitivamente necessário.

É possível medir o conhecimento dos cientistas?

Esta é uma pergunta que poucas pessoas fazem ou quem é alheio ao universo da ciência nunca nem cogitou em se fazer essa pergunta. Mas, sendo o conhecimento científico a base mais importante que sustenta a nossa sociedade, existem instrumentos eficazes para sua medição. Evidentemente nem todos os cientistas têm conhecimento igualmente importante, e nem todos os cientistas são igualmente bons cientistas.

Na hora dos laboratórios decidirem quais cientistas contratar, quais periódicos adquirir para uma biblioteca ou quais publicações para ler, vários indicadores numéricos são frequentemente usados para medir a qualidade, o impacto ou a relevância dos trabalhos realizados pelos cientistas.

Existem algumas ferramentas que servem como indicadores de medida do conhecimento científico, como o índice h[3] e o Fator de Impacto[4] do periódico.

---

[3]O índice h, ou h-index, é uma proposta para quantificar a produtividade e o impacto de pesquisas individuais ou em grupos baseando-se nos artigos (papers) mais citados. Por exemplo, um pesquisador com h=5 tem 5 artigos publicados que receberam 5 ou mais citações.

[4]Fator de impacto é um método bibliométrico para avaliar a importância de periódicos científicos em suas respectivas áreas. Uma medida que reflete o número

Existem várias outras maneiras de medir o conhecimento científico, incluindo:

-Publicações científicas: O número e a qualidade das publicações científicas de um cientista ou grupo de cientistas em revistas científicas respeitadas é um indicador comum do seu conhecimento científico e contribuição para o avanço do conhecimento.

-Patenteamento: O número de patentes registradas por um cientista ou empresa é um indicador de seu conhecimento científico e capacidade de transformar essa ciência em tecnologia aplicada.

-Prêmios científicos: Os cientistas que recebem prêmios científicos reconhecidos internacionalmente, como o Prêmio Nobel, são reconhecidos como líderes em suas áreas de pesquisa e têm contribuído significativamente para o avanço do conhecimento científico.

-Citas: O número de vezes que um artigo científico é citado por outros pesquisadores é um indicador da importância e influência da pesquisa.

-Impacto: O impacto da pesquisa em uma área específica também pode ser medido por meio de do número de vezes que o artigo é citado, bem como sua influência no campo.

-Experimentos e simulações: A capacidade de prever com precisão o comportamento de um fenômeno natural ou sistema, por meio da realização de experimentos ou simulações, é considerado como uma evidência robusta do conhecimento científico.

É importante destacar que essas medidas devem ser consideradas de

---

médio de citações de artigos científicos publicados em determinado periódico.

forma cumulativa, pois cada uma delas fornece uma perspectiva diferente do conhecimento científico. Hoje, a maioria dos países aloca uma quantia de seu orçamento de Estado para a produção de novos conhecimentos científicos e para a educação das novas gerações de cientistas. À medida que o investimento público em ciência aumentou, políticos, contribuintes, agências e gestores têm se interessado cada vez mais em como os fundos alocados para pesquisa são gastos, e o que a sociedade recebe em troca.

Ao final, avanços na ciência, quando colocados em uso prático, significam mais empregos, maiores salários, jornadas mais curtas, colheitas mais abundantes, mais lazer para recreação, para estudo, para aprender a viver sem a labuta mortífera, o que tem sido o fardo do homem comum por eras passadas.

Os avanços da ciência vão também trazer padrões de vida mais elevados, levará à prevenção ou cura de doenças, promoverá a conservação de nossos recursos naturais e assegurará meios de defesa contra a agressão.

Como supracitado, as publicações individuais podem ser identificadas por informações bibliográficas e o número de citações de cada publicação pode ser contado. No entanto, uma vez que pode haver vários autores com nomes idênticos, é difícil identificar autores de forma única. Na maioria dos casos, eles podem ser distinguidos uns dos outros adicionando como identificador a afiliação institucional, mas isso também requer um procedimento para acompanhar as mudanças de afiliações à medida que as pessoas mudam de emprego. Antes da era digital, isso poderia ser um desafio, mas agora serviços como *ORCID* (*Open Researcher and Contributor Identifier*) oferecem soluções para nomear ambiguidades, atribuindo identificadores exclusivos aos autores.

Validade do conhecimento científico

Muitas pessoas se questionam por que acreditar na ciência? Como saber a validade das afirmações dos cientistas? Gostaria de começar explicando que a ciência é baseada em fatos, não em pensamento positivo, revelação ou especulação. Fatos são sistematicamente reunidos por uma comunidade de pesquisadores por meio de observação e experimentos. Esses fatos são usados para apoiar o resto da ciência, as leis, teorias, modelos e assim por diante; e é essa fundamentação em fatos que fez da ciência a fonte de conhecimento mais confiável que temos na atualidade.

Claro, o sucesso da ciência envolve outros fatores além de sua fundamentação em fatos: uma multidão de colaboradores altamente dedicados e imaginativos; uma dose inebriante de gênio; vontade de romper com as ideias do passado; generosos financiamentos e suporte social; a disponibilidade de matemática e outras ferramentas tecnológicas; e outros fatores também. Mas, sua fundamentação em fatos é universalmente considerada a mais importante – o absolutamente crucial e indispensável – ingrediente do sucesso da ciência.

A validade do conhecimento científico é a medida em que as teorias, hipóteses e conclusões são consistentes com os dados e evidências disponíveis. A validade é atingida por meio do processo científico, que inclui a coleta de dados, a análise estatística, a experimentação e a verificação por meio de testes independentes.

A validade é importante para a ciência, pois garante que as teorias e conclusões sejam baseadas em evidências sólidas e não sejam apenas conjecturas ou opiniões pessoais. Isso também permite que as teorias sejam revistas e aprimoradas à medida que novas evidências são disponibilizadas.

Existem dois tipos de validade - a primeira é a validade interna e é referente a possibilidade das evidências coletadas e os resultados obtidos serem consistentes com as hipóteses e teorias testadas. A segunda é a validade externa e é referente a possibilidade dos resultados obtidos serem generalizados para outros grupos ou situações.

A validade do conhecimento científico é uma característica fundamental da ciência e é alcançada por meio do uso de métodos científicos rigorosos e da revisão crítica pelos pares. Isso ajuda a garantir que as teorias e conclusões sejam confiáveis e baseadas em evidências sólidas, que possam ser replicadas e testadas por outros cientistas, além de ser capaz de sobreviver a todos os tipos de críticas e a testes experimentais.

Protocolos científicos e experimentação

Se você chegou até aqui e já conheceu um pouco sobre os cientistas e a ciência, julguei importante você saber disto: os protocolos científicos são procedimentos detalhados passo a passo, que descrevem como conduzir uma pesquisa científica ou experimento. Eles incluem informações sobre o objetivo da pesquisa, os materiais e métodos utilizados, as etapas seguidas para coletar e analisar dados, e as estratégias de segurança a serem seguidas.

Os protocolos científicos são importantes porque garantem que a pesquisa seja conduzida de maneira consistente e precisa, e que os resultados possam ser replicados e comparados com outros estudos. Eles também ajudam a garantir a segurança do pesquisador e dos participantes e a proteger a integridade dos dados.

Existem vários tipos de protocolos científicos, incluindo protocolos de pesquisa clínica, de ensaio de laboratório e de coleta de dados. Eles são usados em diferentes disciplinas científicas, como medicina, biologia, física e química.

Os protocolos científicos são geralmente escritos antes do início da pesquisa e são revistos por pares antes de serem aprovados. Eles também são frequentemente revisados e atualizados à medida que novos dados e descobertas são feitas.

Já a experimentação é quase um sinônimo de ciência na mente do público. Nas escolas as crianças são ensinadas sobre experimentos durante as aulas. Já menos popular é uma "fórmula" chamada método científico e aprender que todo experimento tem que ser realizado em ambientes controlados. Cada experimento nos ensina algo sobre uma variável que produz o resultado experimental.

A ciência não compreende apenas experimentos, há muito mais do que isso. Não temos como negar que a experimentação captura a imaginação popular como nenhum outro aspecto da ciência, talvez por causa de como é enfatizada durante os primeiros anos escolares.

Também é importante saber que a ciência e a invenção estão intimamente ligadas, pois a ciência fornece o conhecimento e a compreensão dos princípios fundamentais que permitem a invenção de novas tecnologias. A invenção, por sua vez, aplica esses princípios científicos para criar produtos e processos úteis para a sociedade. A ciência é o estudo sistemático da natureza, enquanto a invenção é o processo de criar algo novo ou melhorar algo existente. Alguns exemplos de como a ciência e a invenção estão relacionadas incluem:

- A ciência da eletricidade, que estuda os princípios dos elétrons e suas interações, permitiu a invenção de dispositivos elétricos, como motores, geradores e lâmpadas elétricas.

- A ciência da computação, que estuda como as máquinas podem processar informações, permitiu a invenção de computadores e dispositivos eletrônicos.

- A ciência da genética, que estuda os genes e como eles controlam as características dos seres vivos, permitiu a invenção de técnicas para modificar o DNA de plantas e animais para melhorar suas características. A ciência e a invenção trabalham juntas para desenvolver novas tecnologias e melhorar as já existentes, e assim contribuir para o avanço da humanidade.

A ciência é a magia da realidade

Poucas discussões são mais propensas a diferenciar cientistas de outros profissionais do que a questão da realidade. A realidade é o mundo material e as leis que o governam.

Os cientistas só lidam profissionalmente com o mundo real - o mundo da matéria e ocasionalmente também antimatéria, matéria e energia escura. Mas, geralmente, cientistas estudam os átomos e moléculas e como eles estão configurados na Terra, nos seres vivos e em todos os fenômenos observáveis ou potencialmente observáveis no universo. Se quaisquer sistemas ou seres inicialmente considerados imateriais se tornarem manifestos pelos critérios da ciência, os cientistas serão felizes em ampliar seu universo de realidade. Por exemplo, quando a bioquímica se mostrou inadequada para interpretar a estrutura do gene e sua função, deu espaço a biologia molecular com as ferramentas dos físicos. Mas, quando os cientistas estão estudando algo tão distante quanto a Galáxia do Sombreiro, algo tão pequeno como um quark, ou algo que não existe mais como a atmosfera da Terra primitiva, eles recorrem a modelos para testar o que pode ser ou não realidade. Os modelos são ferramentas importantes para validar teorias científicas.

Eles são construídos com base em princípios científicos conhecidos e utilizados para prever como um sistema ou processo funcionará em determinadas condições. Os modelos podem ser matemáticos, físicos, computacionais ou de outros tipos, e são utilizados para testar e refinar teorias científicas. Existem vários tipos de modelos utilizados na ciência, incluindo:

- Modelos matemáticos: são construídos com equações matemáticas que representam o comportamento de um sistema ou processo. Eles são usados em áreas como física, química e biologia.

-Modelos físicos: são construídos com componentes físicos que simulam o comportamento de um sistema ou processo. Eles são usados em áreas como engenharia e aeronáutica.

-Modelos computacionais: são construídos com algoritmos e programas de computador que simulam o comportamento de um sistema ou processo. Eles são usados em áreas como a meteorologia e a modelagem climática.

-Modelos de campo: são construídos por meio da observação e da medida de um sistema ou processo em condições naturais. Eles são usados em áreas como a ecologia e a geologia. Os modelos são usados para testar e validar teorias científicas comparando as previsões feitas pelo modelo com os dados observacionais. Se as previsões do modelo são consistentes com os dados observacionais, isso fornece evidência de suporte para a teoria. Se as previsões do modelo não concordam com os dados observacionais, isso pode sugerir que a teoria precisa ser ajustada ou rejeitada.

Este assunto é abordado amplamente no livro "A Magia da Realidade"de Richard Dawkins, no qual apresenta a mensagem de que a realidade é incrivelmente maravilhosa e fascinante e que a ciência é a melhor ferramenta para compreendê-la. O autor argumenta que a ciência é a explicação mais lógica e verificável para o mundo que nos cerca. Dawkins também destaca a importância da curiosidade e da busca pelo conhecimento, incentivando as pessoas a questionarem as coisas e a buscarem respostas baseadas em evidências. Ele apresenta a ciência como uma jornada emocionante em busca da verdade e como uma forma de apreciar a beleza e a complexidade do universo.

Eu, sendo assumidamente um defensor da ciência e da razão, acredito que a compreensão da natureza é uma das coisas mais maravilhosas e mágicas que podemos alcançar, como compreender desde as leis da física que governam o universo até a biologia que rege a vida em nosso planeta.

A ciência é a chave para compreender a realidade. Quando compreendemos como funciona o universo, como evoluímos e como as coisas se relacionam entre si, a realidade se torna ainda mais fascinante. A ciência não apaga a magia da realidade, ela a revela. A ciência é uma jornada de autodescoberta, uma viagem por meio do tempo e do espaço, rumo ao nosso passado e ao nosso lugar no universo. Somos parte do universo, e ao mesmo tempo, somos o universo tentando nos conhecer a si mesmos.

A ciência nos permite compreender nossas origens e nossa conexão com o cosmos, tornando-nos conscientes de nossa pequenez e impotência ao mesmo tempo. É uma jornada sem fim, sempre cheia de novas descobertas e revelações, mas acima de tudo, é uma oportunidade para explorarmos a beleza e a complexidade do universo que nos cerca.

Capítulo II

Um universo em expansão

Acredito que nosso futuro depende de quanto saibamos sobre este Cosmos no qual flutuamos como uma partícula de poeira num céu matinal.

Carl Sagan.

Nós giramos em torno do Sol como qualquer outro planeta.

Nicolau Copérnico.

*E*m menos de um milênio, nosso universo evoluiu de ser apenas um universo centrado na Terra para ser composto por trilhões de galáxias e ainda com a possibilidade de ser apenas um entre muitos outros existentes.

Nosso conhecimento sobre o universo vem crescendo exponencialmente nestes últimos tempos, mas isso não é por acaso e sim porque muitos cientistas estiveram na linha de frente, trabalhando na expansão desse conhecimento.

Os cientistas têm desempenhado um papel fundamental nas descobertas sobre o universo ao longo da história. A partir de observações e medidas precisas, eles têm construído teorias e modelos para explicar a natureza e o comportamento do universo, desde os corpos celestes até a estrutura e a origem do universo.

Os antigos gregos, como Ptolomeu e Aristarco, foram os primeiros a proporem teorias sobre a estrutura do universo, mas foi somente no século XVI com Nicolau Copérnico que a teoria heliocêntrica foi proposta, colocando o sol no centro do Sistema Solar. Hoje isso parece algo tolo, mas na época era algo radical, que significou o primeiro passo para quebrar as barreiras que prendiam a mente humana, quanto à percepção do universo.

Outro cientista que ficou na linha da frente, na missão de expandir o conhecimento sobre nosso universo e obteve um grande destaque, foi Galileu Galilei, que no século XVII usou o telescópio para estudar os corpos celestes e apoiou a teoria heliocêntrica. Mais tarde, no próximo século, outros dois brilhantes cientistas estariam na linha de frente, Johannes Kepler e Isaac Newton, os quais desenvolveram as leis da mecânica celeste que explicavam como os planetas se movem em torno do sol.

No século XIX e XX, Planck, Einstein, Hubble, Hoyle, Gamow, Friedmann, Lemaître, entre outros cientistas foram responsáveis pela teoria do Big Bang, uma das mais importantes da história da ciência. Cada um contribuiu de maneira fundamental para o desenvolvimento dessa teoria, que nos ajuda a compreender como o universo começou e como ele evoluiu ao longo do tempo. Seus nomes ficaram gravados na história da ciência e seu trabalho continua inspirando novas gerações de cientistas em todo o mundo.

Atualmente, cientistas usam telescópios, satélites e outras tecnologias avançadas para estudar o universo e continuam desvendando seus mistérios.

Nossas coordenadas no espaço e no tempo

Meus caros leitores, a Terra é como nossa "nave espacial" em viagem pelo universo. A Terra viaja em uma trajetória descrita pelas leis de Kepler e pela força gravitacional, orbitando ao redor de nosso Sol, uma estrela da categoria G, semelhante à maioria das estrelas na Via Láctea. Estamos localizados, aproximadamente, a 25.000 anos-luz da região central da galáxia, protegidos por uma nuvem de poeira e gás.

Mas é importante lembrarmos que não estamos apenas em uma galáxia, mas sim em um universo de 13,7 bilhões de anos. Nós, hu-

Figura II.1: A primeira imagem de campo profundo feita pelo Telescópio Espacial James Webb, na qual é possível ver um conjunto de galáxias. Créditos: NASA/ ESA/ CSA/ STSCI

manos, nascemos aqui na Terra e é incrível pensar que conseguimos descobrir nossas coordenadas no espaço e no tempo.

A jornada humana para descobrir nossas coordenadas no espaço e no tempo é uma história épica de curiosidade, perseverança e imaginação. Desde Copérnico, que propôs que o Sol é o centro do Sistema Solar, até a recente descoberta da matéria e energia escura, nós sempre buscamos entender a nossa posição no universo.

Graças ao trabalho dos cientistas, nós descobrimos que a Terra gira em torno do Sol e que o nosso Sistema Solar é apenas uma pequena parte de uma galáxia imensa, conhecida como Via Láctea. Descobrimos que nossa galáxia é apenas uma entre bilhões e que todas as galáxias estão se afastando umas das outras como parte da expansão do universo.

Mas não foi apenas a nossa posição física no universo que descobrimos e sim também que o universo tem uma estrutura e que é regido por leis precisas e elegantes da física. Descobrimos a existência de matéria e energia escura, uma forma de matéria que não interage com a luz e não pode ser detectada diretamente, mas cuja presença é revelada pelos seus efeitos gravitacionais.

Esta jornada para entender as nossas coordenadas no espaço e no tempo é a história da humanidade tentando compreender o universo. É uma história de curiosidade insaciável, de pessoas com uma paixão pelo conhecimento e um desejo de descobrir o que há além daquilo que podemos ver e sentir. E, como sempre, a jornada continua, com novas perguntas a serem respondidas e novas fronteiras a serem exploradas.

Ao mesmo tempo, essas descobertas, trazidas pela sistematização do conhecimento ao longo de gerações sobre o universo, expuseram a fragilidade de nosso planeta e da espécie humana. Esses fatos, ao invés de nos assustar, deveriam servir como estímulo para cuidar mais de nosso planeta e também uns dos outros. As coordenadas exatas do planeta Terra no espaço e no tempo do universo não podem ser determinadas com precisão absoluta, pois o universo é vasto e em constante expansão.

No entanto, a Terra pode ser descrita em relação a outros corpos celestes próximos, como o Sol, e em relação a marcos cosmológicos,

Figura II.2: Kepler, Copérnico e Galileu fizeram contribuições significativas para o desenvolvimento científico e nossa compreensão do universo. Créditos da imagem: Starwalk

como o ponto inicial do Big Bang. Em termos de posição no espaço, a Terra está a cerca de 150 milhões de quilômetros do Sol e é o terceiro dos oito planetas que orbitam a estrela.

Já o Sistema Solar está localizado na borda externa da Via Láctea, a aproximadamente 25.000 anos-luz do centro da galáxia. A posição do Sistema Solar na galáxia é relativamente isolada, protegida por uma nuvem de poeira e gás que nos permite desfrutar de uma existência segura e estável. Embora não estejamos perto do centro da galáxia, ainda fazemos parte da Via Láctea e somos influenciados por suas leis gravitacionais e sua estrutura em espiral.

Em termos de tempo, a Terra está a aproximadamente 13,7 bilhões de anos após o Big Bang, que é considerado o início do universo conhecido. É importante destacar que a precisão dessas estimativas é limitada pelo nosso conhecimento atual do universo e pode ser refinada à medida que adquirimos mais informações e tecnologia para estudar o cosmos.

Em busca da Verdade sobre o Cosmos

Duas mentes além de seu tempo

Na antiguidade, dois grandes astrônomos chamados Eratóstenes e Hiparco fizeram contribuições significativas para a ciência e para nossa compreensão da Terra.

Eratóstenes viveu no século III a.C. e é mais conhecido por sua medição da circunferência da Terra. Ele notou que no solstício de verão, em Syene (hoje Aswan, no Egito), o Sol iluminava o fundo de um poço vertical, indicando que o Sol estava diretamente acima. Eratóstenes também observou que em Alexandria, a uma distância ao norte de Syene, o Sol não estava diretamente acima do poço, mas fazia um ângulo de cerca de 7,2 graus com a vertical. Eratóstenes usou essa informação para calcular a circunferência da Terra, chegando a um resultado muito próximo do valor real.

Já Hiparco viveu cerca de dois séculos depois e é considerado um dos maiores astrônomos da antiguidade. Ele foi o primeiro a criar um catálogo sistemático de estrelas e desenvolveu o sistema de coordenadas eclípticas para medir a posição dos planetas. Além disso, Hiparco mediu a distância da Terra à Lua com grande precisão e fez observações detalhadas dos movimentos das estrelas e dos planetas. As contribuições de Eratóstenes e Hiparco para a ciência foram cruciais para a compreensão da Terra e do universo na antiguidade. Suas medições precisas e métodos científicos inovadores permitiram que outros cientistas e astrônomos continuassem a aprimorar a compreensão do mundo em que vivemos.

Enquanto olhamos para as estrelas em busca de respostas sobre o universo, não podemos esquecer as bases do conhecimento científico estabelecidas por civilizações passadas. Os antigos gregos, por exemplo, que tanto nos inspiram hoje, não foram os únicos a contribuir para nosso entendimento do mundo. Eles tiveram contato com as ciências do Egito e da China, que já desenvolviam matemática, astronomia e filosofia séculos antes. É importante reconhecer a diversidade das fontes do conhecimento científico e, assim, nos lembrarmos de que a ciência é uma história contínua de construção e de evolução, e que todas as culturas contribuíram para essa jornada.

O desafio da razão

Nicolau Copérnico, Giordano Bruno e Galileu Galilei. Cada um deles fez contribuições significativas para a ciência e a nossa compreensão do universo.

Nicolau Copérnico, que viveu no século XVI, é famoso por sua teoria heliocêntrica, que desafiou a visão geocêntrica da época. Ele propôs que a Terra e os planetas giram em torno do Sol, em vez de ser o centro do universo. Copérnico observou os movimentos dos planetas e notou que eles se moviam de maneira complexa em relação à Terra, o que o levou a propor sua teoria heliocêntrica. Sua teoria revolucionária ajudou a lançar as bases da astronomia moderna e teve um impacto significativo na nossa compreensão do universo. Já Giordano Bruno, que viveu no final do século XVI, foi um filósofo e astrônomo que acreditava na ideia de um universo infinito. Ele propôs que existem inúmeras estrelas e planetas em todo o universo e que a vida existe em outros mundos. Sua filosofia inovadora foi recebida com desconfiança pela igreja e ele acabou sendo condenado à morte na fogueira por suas ideias desafiadoras.

Por fim, temos Galileu Galilei, que viveu no início do século XVII e foi um dos maiores astrônomos e físicos da história. Galileu usou uma nova tecnologia: o telescópio, para fazer observações detalhadas do universo, descobrindo novas luas de Júpiter e provando que a Via Láctea é composta de inúmeras estrelas. Ele também confirmou a teoria heliocêntrica de Copérnico e enfrentou uma dura oposição da igreja por suas ideias científicas.

A história desses três grandes cientistas nos mostra como a ciência pode desafiar as crenças estabelecidas e transformar nossa compreensão do universo. Suas contribuições inovadoras para a Astronomia e para a Física tiveram um impacto duradouro, estando presentes em nossas vidas até hoje.

A dupla dinâmica e o movimento dos corpos celestes

Os cientistas Tycho Brahe e Johannes Kepler fizeram contribuições significativas para a astronomia e para nossa compreensão dos movimentos celestes.

Tycho Brahe, que viveu no século XVI, é conhecido por suas observações precisas e detalhadas do céu noturno. Ele desenvolveu o método tychonico, que envolvia a observação do céu sem o auxílio de telescópios, mas com a ajuda de instrumentos como sextantes e quadrantes. Com esses instrumentos, Tycho Brahe mediu a posição das estrelas e dos planetas com grande precisão e suas observações foram usadas por Johannes Kepler, que era seu assistente, para desenvolver as leis planetárias.

Johannes Kepler, que viveu no final do século XVI e início do século XVII, é famoso por suas três leis do movimento planetário. Ele usou as observações de Tycho Brahe para descobrir que os planetas se movem em órbitas elípticas em torno do Sol e não em círculos perfeitos, como se pensava na época.

Kepler também descobriu que os planetas se movem mais rapidamente quando estão mais próximos do Sol, em sua primeira lei, e que o quadrado do tempo que leva para um planeta orbitar o Sol é proporcional ao cubo da distância média do planeta ao Sol, em sua terceira lei. Suas leis planetárias foram fundamentais para a Astronomia e para a Física, e continuam a ser estudadas até hoje.

A história de Tycho Brahe e Johannes Kepler nos mostra como a observação cuidadosa e a dedicação à ciência podem transformar nossa compreensão do universo. A colaboração entre os dois astrônomos foi fundamental para a descoberta das leis planetárias, que ajudaram a lançar as bases da astronomia moderna. Seus trabalhos foram fundamentais para a ciência e tiveram um impacto significativo em nossa compreensão do universo.

Newton e a mecânica celeste

Newton, viveu no século XVII, foi um dos principais pioneiros da física moderna e da mecânica celeste. Ele foi o primeiro a compreender que as leis que governam o movimento dos corpos terrestres também se aplicam aos corpos celestes no espaço. Para fazer isso, ele se baseou nas leis planetárias de Kepler, descobertas quase um século antes.

As três leis de Kepler permitiram a Newton descobrir que a força que mantém os planetas em órbita ao redor do Sol é a mesma força que faz as maçãs caírem da árvore: a gravidade. A partir desse princípio, ele desenvolveu a lei da gravitação universal, que estabelece a força de atração entre quaisquer dois objetos no universo. Essa lei foi fundamental para a compreensão da mecânica celeste e para a capacidade de prever os movimentos dos planetas e das estrelas.

Além disso, a descoberta de Newton abriu caminho para a compreensão de outros fenômenos celestes, como o movimento das luas em torno dos planetas e das estrelas em torno do centro galáctico. A lei da gravitação universal de Newton é uma das mais importantes descobertas científicas da história e continua a ser usada até hoje em pesquisas sobre Astronomia e Física.

A descoberta de Newton foi uma combinação de observações precisas e teoria matemática avançada. Sua compreensão do movimento planetário baseou-se em séculos de observações detalhadas feitas por astrônomos como Tycho Brahe e Johannes Kepler. Com a ajuda de cálculos matemáticos avançados, Newton foi capaz de formular uma teoria que explica a mecânica celeste de uma forma que ainda é usada por cientistas em todo o mundo.

Expandindo as fronteiras e nosso universo

Entre os muitos cientistas que estiveram na linha de frente, ampliando nossos horizontes de conhecimento, existem algumas histórias fascinantes sobre a Astronomia e as descobertas que ajudaram a moldar nossa compreensão do universo. Em particular, vou falar sobre três cientistas notáveis: William Herschel, Pierre-Simon Laplace e Edwin Hubble, que contribuíram para a astronomia de maneiras significativas.

Herschel, que viveu no século XVIII, é mais conhecido por sua descoberta de Urano, o primeiro planeta descoberto na história com um telescópio. Herschel não apenas descobriu Urano, mas também contribuiu significativamente para a Astronomia por meio de suas observações cuidadosas e meticulosas do universo.

Laplace, por outro lado, é conhecido por sua hipótese nebular, que propõe que o nosso Sistema Solar se formou a partir de uma nuvem giratória de gás e de poeira. Embora a hipótese tenha sido proposta inicialmente por Immanuel Kant, foi Laplace quem a desenvolveu mais a fundo e a popularizou. A hipótese nebular é uma teoria chave na compreensão da formação de planetas e das estrelas e é ainda estudada pelos cientistas nos dias de hoje.

Já Hubble, um dos mais notáveis astrônomos do século XX, é conhecido por sua descoberta da expansão do universo. Hubble observou que as galáxias estão se afastando uma das outras, o que sugere que o universo está em constante expansão. Essa descoberta levou à Teoria do Big Bang, que é a principal teoria científica sobre a origem do universo.

Cada um desses cientistas contribuiu de maneiras significativas para a Astronomia e para a nossa compreensão do universo. Herschel descobriu Urano e fez observações importantes do espaço; Laplace propôs uma das teorias mais importantes sobre a formação do Sistema Solar; e Hubble descobriu a expansão do universo e ajudou a formular a Teoria do Big Bang.

Essas descobertas e teorias são exemplos de como a Astronomia é uma ciência fascinante e em constante evolução. Cada nova descoberta nos ajuda a entender melhor o universo e nos inspira a continuar a busca pelo conhecimento. Que esses exemplos de Herschel, Laplace e Hubble possam nos inspirar a continuar a explorar o universo e a descobrir mais sobre o nosso lugar nele.

Tudo é relativo

Einstein é conhecido principalmente por sua teoria da relatividade, que mudou a maneira como pensamos sobre espaço, tempo e gravidade. Mas antes de falar sobre a teoria da relatividade, é importante entender os trabalhos anteriores que foram usados como base para a formulação da teoria. A física clássica, de Isaac Newton a James Clerk Maxwell, forneceu as leis básicas da Física e ajudou a estabelece-la como uma ciência fundamental. No entanto, essas leis só funcionam em certas condições e eram incapazes de explicar certos fenômenos observados no universo.

Foi nesse contexto que Einstein começou a trabalhar na teoria da relatividade. Sua teoria, dividida em duas partes - a relatividade restrita e a geral - mudou completamente a compreensão do mundo.

A relatividade restrita de Einstein, publicada em 1905, desafiou a ideia de que o tempo e o espaço eram conceitos absolutos e independentes. Em vez disso, Einstein mostrou que o tempo e o espaço eram relativos ao observador e que ambos estavam conectados. Isso significava que a velocidade da luz era a mesma para todos os observadores, independentemente de seu movimento ou da fonte de luz.

A relatividade geral, publicada em 1915, expandiu essa teoria ao incluir a gravidade. Einstein mostrou que a gravidade não era uma força misteriosa, mas sim o resultado da curvatura do espaço e do tempo causada pela presença de massa e energia. Essa teoria foi confirmada em 1919, quando um eclipse solar permitiu a observação de que a luz das estrelas era curvada pela gravidade do sol, exatamente como previsto por Einstein.

Essas teorias de Einstein foram um grande avanço na Física e mudaram completamente nossa compreensão do mundo. A teoria da relatividade, em particular, teve enormes implicações para a Física e para a tecnologia. Desde a navegação por satélite até a física de partículas, a teoria da relatividade teve um impacto significativo em muitas áreas da ciência.

Einstein mostrou que mesmo as ideias mais fundamentais da ciência poderiam ser questionadas e redefinidas. Sua teoria da relatividade, em particular, foi um exemplo incrível de como a ciência pode evoluir e mudar nossa compreensão do mundo.

Onde tudo começou?

Uma vez que os cientistas começaram a entender a estrutura do universo, ao perceber que existiam outras galáxias além da Via Láctea, surgiu a necessidade de também compreender a origem desse novo e vasto universo recém-descoberto. E mais uma vez diversos cientistas se colocaram na linha de frente para presentear novamente à humanidade com a compreensão da origem de nosso universo.

Uma das teorias mais fascinantes da ciência moderna é a teoria do Big Bang. Essa teoria descreve o início do universo como um ponto singular de altíssima densidade e temperatura, que "explodiu" em uma expansão rápida e contínua há aproximadamente 13,7 bilhões de anos.

Desde então, o universo tem se expandido e resfriado, permitindo que galáxias se formem e evoluam ao longo do tempo. A teoria do Big Bang foi desenvolvida a partir de uma combinação de observações da cosmologia, da Astronomia e da Física e é o modelo mais aceito para descrever o início e a evolução do universo.

A teoria do Big Bang é uma história épica da criação do universo, que permite que os cientistas compreendam a origem e a evolução do cosmos. É uma história de amor e admiração pela natureza, uma jornada pelo tempo e pelo espaço para entender as origens do universo e as forças que o governam.

Mas essa teoria não é apenas uma história, é uma hipótese testável e comprovada. A descoberta de ondas gravitacionais, a distribuição uniforme de matéria no universo e a medida da idade do universo apoiam fortemente a teoria do Big Bang.

O conceito de um universo em expansão foi proposto pela primeira vez pelo padre e físico belga Georges Lemaître, na década de 1920. No entanto, foram as observações de Edwin Hubble, nas décadas de 1920 e 1930, que forneceram a primeira evidência observacional de um universo em expansão, por meio de sua descoberta do desvio para o vermelho da luz de galáxias distantes.

Nas décadas de 1940 e 1950, outros cientistas, como George Gamow e Ralph Alpher, usaram a ideia de um universo em expansão para desenvolver ainda mais a teoria do Big Bang. Eles propuseram que o universo começou como um estado incrivelmente quente e denso e que a abundância observada de elementos leves, como hélio e lítio, poderia ser explicada por reações nucleares que ocorreram durante essa fase inicial quente.

A teoria recebeu forte apoio em 1964, quando os cientistas descobriram uma radiação de micro-ondas fraca e difusa que permeia o universo, conhecida como radiação cósmica de fundo em micro-ondas. Essa radiação é considerada o resquício do estado quente e denso que existiu no início da história do universo, fornecendo fortes evidências para a teoria do Big Bang.

A teoria do Big Bang é apoiada por uma ampla gama de evidências observacionais, incluindo a radiação cósmica de fundo em micro-ondas, a estrutura em grande escala do universo e a abundância observada de elementos leves. É importante ressaltar que o Big Bang não é a descrição de uma explosão ocorrida no espaço, mas sim o nome dado à origem do universo e sua expansão.

Um encontro com as estrelas

Desde a antiguidade, as pessoas acreditavam que as estrelas eram imutáveis e eternas, mas a teoria da evolução estelar mudou tudo isso. Graças ao brilhante trabalho de inúmeros cientistas, descobrimos que as estrelas nascem, vivem e morrem, e que esses eventos são os responsáveis por toda a matéria e energia visíveis em nosso universo.

Descobrimos que existem estrelas anãs vermelhas, estrelas fracas e muito antigas, que são a fonte de hidrogênio para as novas gerações de estrelas. Sabemos também que existem outras estrelas como o Sol, que brilharão por bilhões de anos antes de se transformarem em gigantes vermelhas. Descobrimos também que existem estrelas de nêutrons e buracos negros, resultados finais da evolução estelar, que são os objetos mais densos e misteriosos do universo.

Eu sempre fico maravilhado ao pensar na jornada da vida das estrelas e também em todos aqueles cientistas que dedicaram suas vidas trabalhando para desenvolver a teoria da evolução estelar, a qual nos permitiu compreender estes processos. Entre esses muitos cientistas devemos destacar a Dra. Cecilia Payne-Gaposchkin, a primeira pessoa a descobrir a composição química das estrelas, a Dra. Jocelyn Bell Burnell, que descobriu os primeiros pulsares, objetos estelares que fornecem informações valiosas sobre a evolução estelar, e o Dr. Subrahmanyan Chandrasekhar, que desenvolveu a teoria da evolução estelar e ganhou o Prêmio Nobel de Física por suas descobertas. Mais uma vez graças ao trabalho dos cientistas, que se colocaram na linha de frente para entender as leis que regem o universo, hoje somos capazes de compreender como os planetas orbitam ao redor das estrelas, como os átomos que formam nosso corpo foram forjados no interior das estrelas e como os buracos negros são os resultados finais da evolução estelar.

É verdade que desde a antiguidade as pessoas olharam para o céu noturno com admiração e curiosidade, mas foi somente por meio da ciência que descobrimos a verdadeira natureza das estrelas e do universo ao nosso redor. Descobrimos que os planetas orbitam ao redor das estrelas e que as estrelas são responsáveis por forjar os elementos que compõem nosso corpo e todo o universo.

Além disso, descobrimos que as estrelas vivem e morrem e que os buracos negros são os resultados finais desse processo. Esse conhecimento é fundamental para compreender a origem e a evolução do universo e como ele afeta a vida em nosso planeta.

Enxergando o invisível

A busca pela compreensão do nosso universo é uma jornada sem fim. Foi graças ao trabalho de cientistas que descobrimos muito sobre as estrelas, planetas e galáxias que povoam o cosmos, mas ainda há muito a ser explorado. Um dos mistérios mais intrigantes da Física Moderna é a existência da matéria e energia escura, que compõem mais de 95% do universo.

Para entendermos melhor esse fenômeno, é importante destacarmos os cientistas que dedicaram suas vidas a estudá-lo. O trabalho de pesquisadores como Fritz Zwicky, Vera Rubin, Saul Perlmutter e Brian Schmidt levou a descobertas fundamentais sobre a existência e as propriedades da matéria e da energia escura. Esses cientistas usaram observações astronômicas e análises precisas para entender a natureza desse fenômeno misterioso.

A contribuição desses cientistas não pode ser subestimada. Suas descobertas mudaram nossa compreensão do universo e revelaram um mundo invisível que compõe a maior parte do que existe. Seus trabalhos abriram novas fronteiras na Física e na Astronomia e nos deram um vislumbre do universo em uma escala nunca antes imaginada.

Então, eu encorajo vocês, meus caros leitores, a estudarem mais o trabalho desses cientistas e suas descobertas, pois eles nos ensinaram muito sobre a natureza do universo e a importância da curiosidade e da persistência na busca do conhecimento. Espero que o estudo da matéria e energia escura possa inspirar você a fazer parte da próxima geração de cientistas para continuar a explorar os mistérios do universo.

O universo é um lugar maravilhoso e fascinante, mas também pode ser um lugar misterioso. Uma das grandes questões da física moderna é a natureza da matéria e energia escura, que compõem a maior parte do universo. A matéria escura é uma substância não observável que exerce força gravitacional, mas não emite luz ou radiação. Isso significa que não podemos vê-la diretamente, mas sabemos que ela está presente porque afeta a dinâmica das galáxias e outras estruturas cósmicas. Os cientistas acreditam que a matéria escura é composta de partículas exóticas que interagem muito fracamente com a matéria visível.

Já a energia escura é uma forma de energia hipotética que permeia todo o espaço e é responsável pela aceleração da expansão do universo. Essa expansão acelerada foi descoberta por astrônomos na década de 1990 e deixou os cientistas perplexos. A energia escura tem uma pressão negativa, o que faz com que ela exerça uma força repulsiva que empurra o universo para fora. Embora a matéria e da energia escura sejam misteriosas e ainda não tenham sido detectadas diretamente, elas são componentes fundamentais do universo e são essenciais para explicar a estrutura e evolução do cosmos.

Estudar essas substâncias é um dos grandes desafios da física moderna, mas é também uma das áreas mais emocionantes e promissoras da ciência. Embora essas substâncias sejam invisíveis e ainda não tenham sido detectadas diretamente, suas evidências observacionais são convincentes e nos dão uma compreensão cada vez maior do universo.

A matéria escura foi proposta para explicar a presença de gravidade extra nas galáxias, que não pode ser explicada pela matéria visível. Uma das principais evidências para a existência da matéria escura vem da observação das lentes gravitacionais. Quando a luz passa perto de objetos massivos, como galáxias ou aglomerados de galáxias, sua trajetória é curvada pela gravidade desses objetos.

Isso causa distorções na imagem do objeto distante, permitindo que os astrônomos possam mapear a distribuição da matéria ao longo da linha de visão. Essas lentes gravitacionais mostram que há muito mais matéria no universo do que podemos ver com nossos telescópios.

Já a energia escura foi proposta para explicar a aceleração da expansão do universo, que foi descoberta em observações de supernovas distantes. Os astrônomos usaram essas observações para medir a velocidade de expansão do universo ao longo do tempo e descobriram que a expansão está acelerando, ao contrário do que se esperava.

Isso sugere a presença de uma forma desconhecida de energia, que é responsável por essa aceleração. Outras evidências para a energia escura incluem a análise do fundo cósmico de micro-ondas, que é a radiação remanescente do Big Bang. Essa análise mostra que a energia escura é um componente significativo do universo.

Os instrumentos usados para estudar a matéria e a energia escura incluem telescópios de observação terrestre, telescópios espaciais, experimentos de detecção de partículas e simulações computacionais. Esses instrumentos nos permitem estudar as propriedades da matéria e da energia escura e sua distribuição no universo.

Espero que tenham gostado de me acompanhar nesta breve viagem pela história da ciência e das mentes brilhantes que nos trouxeram a compreensão atual do universo. Desde Eratóstenes e sua medição da circunferência da Terra até os cientistas modernos do Big Bang, a busca pela verdade e pelo conhecimento sempre foi uma constante na história da humanidade.

Cada um desses cientistas enfrentou desafios e adversidades ao desafiar as teorias existentes e ao apresentar novas ideias e descobertas. Copérnico desafiou a visão aristotélica do universo, Kepler ousou propor que os planetas não se movem em órbitas circulares perfeitas e os cientistas do Big Bang enfrentaram o ceticismo da comunidade científica ao apresentar sua teoria da origem do universo.

No entanto, o trabalho desses cientistas foi fundamental para expandir nossa compreensão do universo e mudar nossa visão de mundo. A ciência é uma busca constante pela verdade e uma tentativa de entender os mistérios do universo. Por meio de anos de trabalho árduo e dedicação, esses cientistas desafiaram as teorias existentes e nos ajudaram a compreender melhor o mundo ao nosso redor.

Capítulo III

Prodígios da tecnologia

Não foi aperfeiçoando a vela que a eletricidade foi inventada.

Pierre-Gilles de Gennes

A ciência e a tecnologia são a chave para o progresso humano e a solução de muitos dos problemas globais que enfrentamos.

Stephen Hawking

$\mathscr{A}$o longo da história humana, sempre houve momentos em que precisamos de abordagens inovadoras para superar desafios. Em tais momentos, foram os cientistas que estiveram na linha de frente para desenvolver ferramentas e tecnologias inovadoras para enfrentar esses desafios, seja aprimorando as existentes ou realizando mudanças radicais. Como o Prêmio Nobel de Física Pierre-Gilles de Gennes nos lembrou, muitas vezes a solução para um problema não está em aperfeiçoar uma tecnologia existente, mas sim em abraçar uma abordagem totalmente nova e inovadora. A história nos mostra que os avanços mais significativos em ciência e tecnologia foram alcançados por aqueles que estavam dispostos a assumir riscos e a pensar fora da caixa.

As novas tecnologias geralmente são desenvolvidas como resultado de pesquisas realizadas pelos cientistas. O processo de descoberta científica geralmente leva ao desenvolvimento de novas tecnologias, à medida que os cientistas descobrem novos fenômenos ou encontram novas maneiras de manipular matéria e energia.

Por exemplo, muitos avanços tecnológicos na medicina, como técnicas de imagem e novos medicamentos, surgiram como resultado de pesquisas científicas em Biologia e em Química. Da mesma forma, os avanços na eletrônica e na tecnologia da informação foram impulsionados pelas pesquisas em Física e na ciência da computação. Além disso, os cientistas frequentemente trabalham em colaboração com engenheiros e outros especialistas para desenvolver novas tecnologias e materiais com propriedades mais eficientes que aqueles existentes na natureza. Eles também podem transferir suas descobertas para parceiros da indústria, que então desenvolvem e comercializam a tecnologia. Esse processo de transferência de descobertas científicas para aplicações práticas costuma ser chamado de "transferência de tecnologia".

Como você pode ver, os cientistas desempenham um papel crucial no desenvolvimento de novas tecnologias, por meio de suas pesquisas e colaboração com outros especialistas. Suas descobertas costumam ser o ponto de partida para avanços tecnológicos que têm um impacto significativo na sociedade e melhoram a vida de todas as pessoas, incluindo aqueles que conhecem pouco ou nada sobre o conhecimento científico.

Muitos cientistas têm contribuído para o desenvolvimento de tecnologias importantes ao longo da história. Alguns desses cientistas foram revolucionários em suas respectivas áreas e deixaram uma marca indelével na sociedade moderna, como por exemplo: Thomas Edison, um dos mais importantes inventores de todos os tempos. Ele é conhecido por suas contribuições para a eletricidade, incluindo a invenção da lâmpada elétrica. Nikola Tesla também é um grande nome na história da eletricidade, tendo desenvolvido sistemas de corrente alternada e contribuído para a criação de sistemas de transmissão de energia elétrica de longa distância.

Alexander Graham Bell é outro grande nome da tecnologia, sendo o inventor do telefone. Ele mudou a forma como as pessoas se comunicam para sempre. Guglielmo Marconi também é conhecido por suas contribuições para a comunicação, tendo desenvolvido o primeiro sistema de rádio comercial. Henry Ford é conhecido por sua contribuição para a indústria automotiva, tendo criado a primeira linha de montagem de carros. Tim Berners-lee, que desenvolveu a *World Wide Web*, o protocolo HTTP e o sistema de endereços URL, que tornou a navegação na Web possível, e Bill Gates e Paul Allen foram responsáveis por revolucionar a tecnologia da informação, tendo fundado a Microsoft. Por fim, Elon Musk é conhecido por suas contribuições para a tecnologia espacial e para a energia, tendo fundado a SpaceX e a Tesla, Inc.

Muitas das tecnologias que usamos em nosso dia a dia, foram desenvolvidas primeiramente para serem usadas em pesquisas científicas. Assim, não é surpreendente que as primeiras ferramentas tecnológicas a serem usadas foram os telescópios e microscópios, que servem para ampliar o range de alcance dos olhos humanos. Todas as tecnologias que eu e você conhecemos e usamos não surgiram sozinhas ao acaso ou por um processo evolutivo natural, elas são produto do trabalho de cientistas pioneiros.

O material que revolucionou nossa visão do mundo

Se existe um material que revolucionou a história da ciência e da humanidade é o vidro. Esse material tem sido usado há séculos em uma ampla gama de aplicações, desde janelas e espelhos, até instrumentos científicos como telescópios e microscópios.

Foi a invenção do vidro transparente que permitiu a construção do telescópio, o que mudou completamente a forma como vemos o universo. Através do uso de lentes de vidro, astrônomos puderam observar corpos celestes muito distantes e compreender melhor a estrutura do universo. O vidro também foi fundamental para o desenvolvimento do microscópio, que permitiu aos cientistas observar o mundo microscópico e descobrir uma variedade de novas formas de vida e de processos biológicos.

Os primeiros cientistas que usaram telescópios e microscópios relataram suas descobertas e suas observações, as quais foram essenciais para avanços significativos em uma variedade de campos científicos. Robert Hooke, por exemplo, usou um microscópio para observar células pela primeira vez e fez importantes contribuições para a Biologia. Galileu Galilei usou um telescópio para observar as luas de Júpiter e confirmou a teoria heliocêntrica de Copérnico.

Essas descobertas e observações abriram novas áreas de pesquisa e forneceram uma nova compreensão do mundo ao nosso redor. Graças aos avanços científicos e tecnológicos resultantes da utilização do vidro em instrumentos científicos, nossa sociedade foi transformada. Hoje, o vidro é usado em muitos aspectos da vida moderna, desde óculos, smartphones, televisores até painéis solares e equipamentos médicos.

A história do vidro é a história da ciência e da tecnologia, uma história de inovação, descoberta e mudança. É uma história de mentes brilhantes que, por meio da experimentação e da observação, avançaram nossa compreensão do universo e moldaram o mundo em que vivemos hoje.

Três invenções cruciais para a expansão da humanidade

Três invenções que foram cruciais para a expansão da humanidade: a bússola, o relógio e as caravelas. Esses dispositivos foram criados há séculos e tiveram um papel importante em permitir a exploração do mundo e a expansão da sociedade humana.

A bússola, por exemplo, foi inventada pelos chineses por volta do século IX e permitiu a navegação em alto-mar ao indicar a direção do Norte. Isso permitiu que os exploradores encontrassem novas rotas de comércio e descobrissem novas terras. A bússola foi um passo fundamental para a expansão da humanidade pelo mundo.

O relógio mecânico foi inventado no século XIII e permitiu a medição precisa do tempo. Isso foi importante para a navegação, bem como para a organização da sociedade em geral. O tempo tornou-se uma medida padrão para a coordenação de atividades e o planejamento de viagens, e o relógio foi fundamental para permitir essa precisão.

As caravelas, que eram navios com velas triangulares, foram desenvolvidas no século XV e permitiram a navegação oceânica em condições difíceis. Isso permitiu aos exploradores navegarem mais longe do que antes e descobrir novas terras, o que teve um impacto significativo na expansão do comércio e da influência humana.

Essas três invenções foram importantes para a expansão da sociedade humana e para a compreensão do mundo e tiveram um impacto significativo na economia, na política e na cultura, mudando a humanidade para sempre. Os cientistas têm sido fundamentais para o progresso humano. As invenções da bússola, do relógio e das caravelas são exemplos da importância do pensamento inovador e do progresso científico.

Tecnologias que fazem parte de nossas vidas

A lâmpada elétrica, o telefone, a câmera fotográfica, os smartphones e os computadores. Essas invenções mudaram nossa sociedade e têm sido fundamentais para o progresso humano.

A lâmpada elétrica, inventada por Thomas Edison em 1879, mudou o modo como a sociedade se iluminava à noite. Ela proporcionou maior segurança, permitindo que as pessoas trabalhassem à noite, estudassem e se divertissem, sem precisar depender de velas e de lampiões. A lâmpada elétrica também foi um grande impulso para a indústria, tornando as fábricas mais produtivas e seguras.

O telefone, inventado por Alexander Graham Bell em 1876, mudou o modo como as pessoas se comunicam. Ele permitiu a conexão entre pessoas de lugares distantes, permitindo que as pessoas conversassem, fizessem negócios e trocassem informações em tempo real. O telefone abriu novas oportunidades de comunicação e mudou a maneira como a sociedade se relaciona.

A câmera fotográfica, inventada por Joseph Nicéphore Niépce em 1826 e aprimorada por Louis Daguerre em 1839, permitiu que as pessoas capturassem momentos da vida e os registrassem para a posteridade. A câmera também permitiu que os cientistas estudem e documentem a natureza e a sociedade, tornando-se uma ferramenta fundamental para a ciência e para a história.

Os smartphones e os computadores mudaram a forma como a sociedade se comunica e se relaciona. Eles permitem que as pessoas se conectem com amigos e familiares em todo o mundo, façam negócios e acessem informações em tempo real. Além disso, eles tornaram a informação e a educação acessíveis para muitas pessoas que antes não tinham essa oportunidade.

Essas invenções foram fundamentais para o progresso humano, permitindo que a sociedade avançasse em muitos aspectos. Elas foram fruto do pensamento inovador, da curiosidade científica e do desejo de melhorar a vida das pessoas.

A teoria que originou a vida moderna

A teoria do eletromagnetismo, formulada por James Clerk Maxwell no século XIX, explica como a eletricidade e o magnetismo estão intimamente relacionados e como eles se manifestam em ondas eletromagnéticas, como a luz e o rádio. Essa teoria permitiu a criação de tecnologias como a eletricidade, o telefone, o rádio, a televisão, os computadores e muito mais.

A eletricidade é uma das maiores invenções da história, pois tornou possível a iluminação e a alimentação de máquinas, impulsionando o progresso da indústria e da sociedade. A comunicação por rádio permitiu que as pessoas se conectem com o mundo todo e recebam informações em tempo real. A televisão trouxe imagens e sons ao vivo para a casa das pessoas, permitindo que a sociedade se informasse e se divertisse de uma forma nunca antes vista.

Os computadores, outra grande invenção derivada do eletromagnetismo, mudaram a forma como a sociedade funciona. Eles permitem a automação de tarefas, o armazenamento e a análise de grandes quantidades de dados e a comunicação instantânea. Eles são fundamentais para a indústria, comércio, educação e para a pesquisa.

Além disso, a teoria do eletromagnetismo tem aplicações surpreendentes, como os sistemas de transporte Maglev, que usam campos magnéticos para levitar trens e criar uma forma de transporte de alta velocidade. Essas descobertas e invenções transformaram o mundo e tornaram a vida mais fácil e confortável para muitas pessoas.

Finalmente devemos lembrar que a ciência não é uma sequência linear de grandes descobertas, mas na realidade é uma teia complexa de ideias e influências. O caso do eletromagnetismo de James Clerk Maxwell é um exemplo disso. Embora Maxwell seja lembrado como o grande unificador das leis da eletricidade e do magnetismo, sua obra foi construída sobre as contribuições de muitos outros cientistas antes dele, como Edmund Halley, que propôs pela primeira vez que a Terra era um grande ímã, e Michael Faraday, que descobriu a indução eletromagnética.

Também devemos lembrar do trabalho de André-Marie Ampère, que estabeleceu a relação entre corrente elétrica e magnetismo, e de muitos outros que deram pequenos passos que, juntos, levaram ao grande salto do eletromagnetismo de Maxwell. A história da ciência é uma história de colaboração e de cooperação e cada contribuição é valiosa na construção do conhecimento.

Tecnologias que revolucionaram a medicina

A descoberta dos raios X, feita por Röntgen em 1895, foi um marco na história da medicina. Essa descoberta possibilitou a visualização interna do corpo humano e permitiu que médicos e pesquisadores pudessem diagnosticar doenças com maior precisão, sem a necessidade de procedimentos invasivos.

A ressonância magnética, descoberta por Bloch e Purcell em 1946, possibilitou a criação de imagens de alta resolução do interior do corpo humano, permitindo diagnósticos mais precisos e a detecção precoce de doenças.

A engenharia genética, desenvolvida por Francis Crick e colaboradores, permitiu a manipulação do material genético e a criação de novas terapias e tratamentos para doenças genéticas.

E mais recentemente, os exames de DNA possibilitaram a identificação precisa de doenças hereditárias e a realização de terapias personalizadas, além de ajudar na identificação de pessoas em casos criminais e na criação de bancos de dados genéticos.

Essas descobertas e invenções mudaram a forma como a medicina é praticada e trouxeram inúmeros benefícios para a saúde humana.

Esses cientistas tiveram a curiosidade de questionar o que era conhecido e seguiram em frente, mesmo diante de obstáculos. A medicina moderna deve muito a esses pioneiros e ao pensamento inovador e à curiosidade científica. Essas descobertas continuam a ser aprimoradas e aplicadas para a melhoria da sociedade.

Os cientistas e a medicina moderna têm uma relação estreita, pois a ciência é a base da medicina moderna. Os cientistas realizam pesquisas para entender as causas das doenças e desenvolver tratamentos eficazes. Eles também desenvolvem novos medicamentos e tecnologias médicas, como cirurgias menos invasivas, imagens médicas avançadas e terapias gênicas.

Os cientistas também trabalham em estreita colaboração com médicos e outros profissionais de saúde para aplicar as descobertas científicas em ambientes clínicos. Por exemplo, os cientistas podem trabalhar com médicos para desenvolver novos tratamentos para doenças crônicas, como diabetes e câncer.

Além disso, os cientistas também desempenham um papel importante na prevenção de doenças, identificando e estudando fatores de risco, como hábitos de vida e exposição a substâncias tóxicas, e desenvolvendo intervenções para reduzir esses riscos.

A medicina moderna é altamente dependente da ciência e é graças aos cientistas e aos seus avanços que temos tratamentos mais eficazes e tecnologias médicas avançadas disponíveis hoje. A colaboração entre cientistas e médicos é vital para o progresso contínuo na medicina e na saúde pública.

Da comunicação sem fio ao comércio global

Nesta seção, gostaria de chamar a atenção para a importância dos cientistas que dedicaram suas vidas à pesquisa e ao desenvolvimento de tecnologias que mudaram a maneira como nos comunicamos e nos relacionamos. Desde o pioneirismo de Nikola Tesla no campo da comunicação sem fio, passando pela invenção da *World Wide Web* por Tim Berners-Lee, até a explosão das redes sociais, a ciência tem sido fundamental para o desenvolvimento dessas tecnologias.

A internet, como sabemos, tornou possível a comunicação instantânea e o compartilhamento de informações em escala global. Isso, por sua vez, revolucionou a maneira como as pessoas se conectam e interagem, permitindo a criação de comunidades virtuais que transcendem as barreiras geográficas. Além disso, a internet possibilitou o comércio online, o que transformou a maneira como compramos e vendemos produtos e serviços. Com apenas alguns cliques é possível adquirir produtos que seriam inacessíveis em outras épocas e em outras partes do mundo.

Tudo isso só foi possível graças aos avanços científicos e tecnológicos que permitiram a criação de redes de comunicação sem fio, a construção de infraestruturas de internet e o desenvolvimento de algoritmos complexos para processar e analisar grandes volumes de dados.

Nós devemos muito a esses cientistas e à ciência em geral. Eles têm sido responsáveis por algumas das maiores inovações e avanços que a humanidade já viu. Vamos celebrar esses pioneiros e continuar apoiando a ciência e a pesquisa para que possamos continuar avançando e descobrindo novas fronteiras.

Do mesmo modo, os cientistas desempenharam um papel importante na criação e no desenvolvimento das redes sociais, tanto tecnicamente quanto em termos de seu uso para fins científicos.

Tecnicamente, muitos dos princípios e tecnologias que tornam possíveis as redes sociais foram desenvolvidas por cientistas da computação e por engenheiros. Isso inclui conceitos como gráficos de dados, algoritmos de recomendação e inteligência artificial.

Além disso, os cientistas também têm usado redes sociais para fins científicos. Por exemplo, os cientistas sociais usam essas redes para estudar como as pessoas se relacionam e como as ideias se espalham por meio de grupos sociais.

Os cientistas também usam as redes sociais para coletar dados e para comunicar seus trabalhos. Eles podem usar as redes sociais para coletar dados sobre como as pessoas usam a Internet, ou para coletar dados sobre as opiniões públicas sobre questões científicas. Além disso, os cientistas também usam as redes sociais para se comunicar uns com os outros e compartilhar informações e descobertas científicas. Isso pode incluir a colaboração em projetos de pesquisa, a troca de ideias e a oferta de *feedback* sobre trabalhos em andamento.

Tecnologias do presente para o futuro

Meus caros leitores, aqui gostaria de falar mais uma vez sobre alguns dos cientistas mais brilhantes que trabalharam para desenvolver tecnologias que estão moldando o nosso mundo de maneiras incríveis. Entre essas inovações, estão a inteligência artificial, a nanotecnologia, as matrizes de energia limpa e a impressão 3D. Vamos explorar um pouco sobre cada uma delas.

Começando pela inteligência artificial, podemos mencionar alguns nomes importantes, como John McCarthy, Marvin Minsky e Alan Turing, que ajudaram a desenvolver as bases teóricas da IA. Hoje, a IA está presente em muitas áreas, desde sistemas de reconhecimento de fala até robôs autônomos. A IA está ajudando a resolver problemas complexos em diversas áreas, como medicina, finanças, transportes e muitas outras.

Já a nanotecnologia, cujo desenvolvimento é atribuído a Richard Feynman, tem como objetivo a criação de materiais e dispositivos em escala nanométrica, que podem ter propriedades únicas e revolucionárias. A nanotecnologia já é utilizada em diversas áreas, como na medicina para o desenvolvimento de novos tratamentos, na eletrônica para a criação de dispositivos mais eficientes e na produção de materiais mais leves e resistentes. As matrizes de energia limpa, por sua vez, têm como objetivo fornecer energia sem prejudicar o meio ambiente.

Alguns nomes importantes nessa área incluem Elon Musk, que está trabalhando para desenvolver novas tecnologias de armazenamento de energia, e as empresas que estão desenvolvendo painéis solares e turbinas eólicas mais eficientes. Essas tecnologias têm o potencial de reduzir a nossa dependência de combustíveis fósseis e ajudar a preservar o meio ambiente.

Por fim, a impressão 3D, cujo desenvolvimento é atribuído a Chuck Hull, tem o potencial de revolucionar a fabricação de produtos, permitindo a produção de peças personalizadas e complexas de forma mais eficiente e econômica. Essa tecnologia já é utilizada em diversas áreas, como na produção de próteses médicas, peças de aeronaves e na fabricação de alimentos. Esses são apenas alguns exemplos de

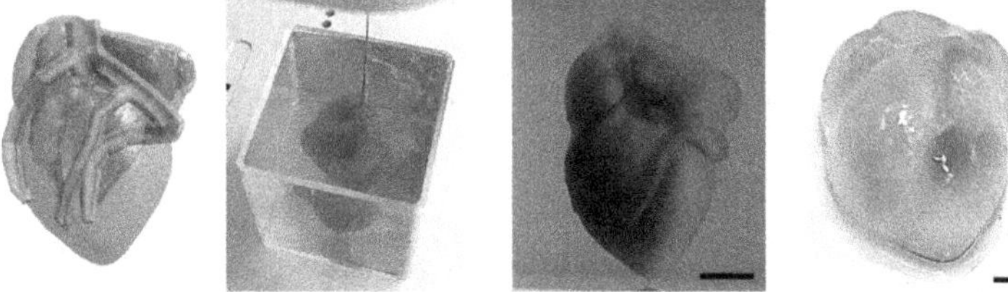

Figura III.1: Nesta imagem podemos ver o processo para a impressão de um coração humano em pequena escala, num futuro próximo imprimir órgãos e tecidos biológicos será apenas mais uma das aplicações da impressão 3D. Fonte: *Advanced Science* - Volume 6/Edição-11/Ano 2019

como a ciência e a tecnologia estão moldando o nosso mundo de maneiras incríveis. Esses cientistas, e muitos outros, dedicaram suas vidas a avançar o conhecimento humano e a criar soluções inovadoras para os problemas do nosso tempo. São eles que nos inspiram a sonhar com um futuro melhor e mais brilhante.

Tecnologias na área de lazer

Este é um assunto que talvez possa parecer um pouco diferente das minhas habituais explorações do universo, mas que é igualmente importante para a nossa vida: o lazer. Mais especificamente, gostaria de falar sobre os cientistas que trabalharam para desenvolver produtos de entretenimento que mudaram a forma como nos divertimos.

Desde os primórdios da humanidade, o lazer tem sido uma parte importante da nossa existência. Mas com o avanço da tecnologia, novas formas de entretenimento surgiram, como os videogames, a música e as simulações em realidade virtual e aumentada. E por trás dessas inovações, há sempre cientistas e engenheiros trabalhando arduamente para torná-las possíveis.

Vejam, por exemplo, a história dos videogames. O primeiro videogame foi criado em 1958, mas foi apenas na década de 1970 que os jogos eletrônicos começaram a se popularizar. E com o passar do tempo, foram desenvolvidos consoles cada vez mais sofisticados, com gráficos e jogabilidade que deixaram os jogadores de queixo caído.

Além dos videogames, a música também mudou muito com o avanço da tecnologia. Desde a gravação do primeiro disco em 1877, a indústria musical passou por várias mudanças, até chegar aos dias de hoje, em que podemos ouvir músicas em alta qualidade em qualquer lugar do mundo, graças aos serviços de streaming.

E não podemos esquecer das simulações em realidade virtual e aumentada, que estão cada vez mais presentes em nossas vidas. Essas tecnologias nos permitem experimentar situações impossíveis de se vivenciar na vida real, como viajar pelo espaço ou mergulhar nos oceanos.

Tudo isso só é possível graças aos cientistas que trabalharam incansavelmente para desenvolver essas tecnologias e aprimorá-las ao longo do tempo. Então, na próxima vez que você jogar um videogame, ouvir uma música ou experimentar uma simulação em realidade virtual, lembre-se dos cientistas que tornaram isso possível.

A ciência está presente em todos os aspectos de nossas vidas, inclusive em nosso lazer. E a cada dia, novas descobertas são feitas, novas inovações são criadas e novas formas de entretenimento surgem. Quem sabe o que o futuro nos reserva?

Comunicação entre a Terra e o Espaço

Os cientistas que desenvolveram satélites artificiais são verdadeiros artistas da tecnologia, moldando o espaço circundante para atender às nossas necessidades. Eles são os exploradores da órbita terrestre, estudando os segredos do universo a partir de uma perspectiva única e privilegiada. Estes brilhantes indivíduos têm transformado a forma como vemos o mundo e a nós mesmos, fornecendo-nos informações valiosas sobre o clima, a geologia e as condições do espaço.

Eles também têm revolucionado a vida cotidiana, ao proporcionar acesso à comunicação global instantânea, mapear a Terra em detalhes inimagináveis e monitorar o nosso planeta em tempo real. Estes satélites são verdadeiras sentinelas do espaço, protegendo-nos de ameaças como tempestades solares e colisões com asteroides.

A importância dos satélites artificiais na vida diária é imensurável. Eles nos permitem estar conectados ao mundo, acompanhar as condições climáticas, e fornecer informações importantes para a tomada de decisões. Eles também são uma expressão da nossa curiosidade insaciável, levando-nos a descobrir mais sobre o universo e a nós mesmos. Estes satélites são verdadeiros tesouros da humanidade, permitindo-nos olhar para além da nossa atmosfera e contemplar o vasto universo.

Os cientistas trabalham em estreita colaboração com engenheiros e outros profissionais para projetar, construir e lançar satélites. Eles também trabalham com programadores e especialistas em dados para processar e analisar os dados coletados pelos satélites. Graças ao trabalho árduo desses cientistas, a humanidade foi capaz de lançar o primeiro satélite, o Sputnik, em órbita terrestre e começar uma nova era de exploração e descoberta espacial, hoje temos satélites orbitando em vários planetas do Sistema Solar e não apenas na Terra. Devemos lembrar e honrar esses pioneiros, que abriram novas possibilidades e horizontes para a humanidade.

Capítulo IV

Na linha de frente da exploração espacial

Tudo no espaço obedece às leis da Física. Se você conhece essas leis e as obedece, o espaço o tratará com gentileza..

Wernher Von Braun.

*H*óje podemos ganhar milhares de curtidas, comentários ou compartilhamentos ao postarmos em nossas redes sociais fotos e vídeos de grandes foguetes com veículos espaciais saindo da Terra e percorrendo trajetórias descritas por Johannes Kepler e Newton para chegar em mundos próximos de nosso Sistema Solar, ou simplesmente podemos nos deslumbrar olhando diariamente muitas imagens de mundos distantes feitos pelo veterano Telescópio Espacial Hubble, pelo seu sucessor James Webb, bem como fazer um "raio X"das estruturas das galáxias e estrelas, usando o observatório Chandra.

Mas isso só é possível devido à exploração espacial e por trás de todas essas maravilhas tecnológicas que nos permitem avançar um pouco mais além das fronteiras de nosso planeta, mais uma vez, existe o trabalho de milhares de cientistas.

A exploração espacial é a grande aventura da humanidade, uma jornada para descobrir os mistérios do universo e aprender mais sobre o nosso lugar nele. Os cientistas da linha de frente dessa empreitada são heróis da ciência, homens e mulheres com uma paixão incansável pela descoberta e uma visão audaciosa para o futuro.

Konstantin Tsiolkovsky, um dos pioneiros da teoria da astronáutica, foi um dos primeiros a imaginar como a humanidade poderia se lançar além da atmosfera terrestre e viajar pelo espaço. Sergei Korolev, o pai da cosmonáutica soviética, liderou a corrida ao espaço durante a Guerra Fria, tornando a Rússia o primeiro país a lançar um satélite artificial e um homem ao espaço.

Porém, a exploração espacial não deve ser uma competição, e sim uma aventura humana compartilhada. Um bom exemplo disso é que os astronautas e cientistas dos Estados Unidos e da Rússia trabalham juntos na Estação Espacial Internacional construindo pontes entre nações e encontrando novos conhecimentos para a humanidade.

E, mais recentemente, empresários como Elon Musk estão tornando a exploração espacial mais acessível e acelerando o ritmo de descobertas. Com o seu trabalho em empresas como a SpaceX, Musk está impulsionando a revolução espacial, tornando a viagem ao espaço mais barata e acessível e ajudando a abrir caminho para uma era de exploração ainda mais intensa e ambiciosa.

A jornada da humanidade pelo espaço é uma jornada contínua, cheia de desafios e maravilhas. E, com cada nova descoberta, aprendemos mais sobre o universo e sobre nós mesmos. Estes cientistas da linha de frente são as pessoas que tornam essa jornada possível, e merecem nossa gratidão e admiração.

O trio que abriu as portas do espaço

Prezados leitores, nesta seção de meu livro é com grande prazer que falo sobre os pioneiros da exploração espacial, Tsiolkovsky, Von Braun e Korolev. Esses cientistas são verdadeiras lendas da história da ciência, e seus esforços inovadores ajudaram a impulsionar a humanidade para o cosmos.

Konstantin Eduardovich Tsiolkovsky é um dos maiores heróis da ciência e da exploração espacial. Este visionário russo foi um dos primeiros a imaginar como a humanidade poderia alçar voo para além da atmosfera terrestre e viajar pelo espaço. Seus trabalhos são uma verdadeira fonte de inspiração para gerações futuras.

Tsiolkovsky nasceu em uma pequena aldeia na Rússia mas sua mente sempre olhava para o céu. Ele dedicou sua vida à ciência, estudando as leis da física e da mecânica, e logo descobriu sua verdadeira paixão: a exploração espacial. Ele acreditava que a humanidade tinha um destino celestial, e dedicou sua vida a tornar esse sonho uma realidade.

Tsiolkovsky desenvolveu a primeira teoria da astronáutica, descrevendo como os seres humanos podem viajar pelo espaço e habitar outros planetas. Ele também previu muitos dos desafios que enfrentaremos na jornada pelo espaço, incluindo a proteção contra radiação e a necessidade de recursos naturais e materiais para a sobrevivência.

Este homem brilhante teve um impacto profundo na ciência e na cultura, inspirando gerações de cientistas e astronautas. Sua dedicação e paixão pela exploração espacial são uma verdadeira lição de vida, e sua história é uma história de coragem, determinação e visão. O legado de Tsiolkovsky é a prova de que um homem com uma visão clara e uma paixão ardente pode mudar o mundo. Suas ideias e teorias são uma verdadeira fonte de inspiração para todos nós, e sua história é um testemunho da humanidade da nossa capacidade de imaginar, criar e explorar. A humanidade sempre será grata a este homem brilhante e corajoso pela sua contribuição para a jornada da humanidade pelo espaço.

Em nosso percurso para entender o longo caminho que levou à humanidade a desenvolver meios que permitam desafiar a atração do campo gravitacional do planeta Terra e se aventurar no espaço, devemos destacar uma peça principal nessa aventura: Wernher Magnus Maximilian von Braun. Von Braun, foi um cientista de nacio-

Figura IV.1: À esquerda podemos ver Konstantin Tsiolkovsky com seu neto. No centro está Wernher von Braun e de fundo os motores do foguete Saturno V. À direita está Korolev com um dos cães lançados em foguetes desenvolvidos por ele mesmo. Créditos: Academia Russa de Ciências e Appel.nasa.gov.

nalidade alemã e posteriormente Estadunidense. Ele foi uma figura excepcional no meu ponto de vista, pois apesar de todos os transtornos pelo qual a nossa civilização passava, conseguiu se manter firme no seu desejo de abrir uma janela de acesso ao céu para nós simples mortais.

Pois, este ilustre cientista usou todos seus talentos para desenvolver os primeiros foguetes eficientes conhecidos pela humanidade, mas que infelizmente no começo seriam usados para fins militares no final da II Guerra Mundial, no entanto, apesar disso, ele se manteve firme nos seus objetivos, até que finalmente no auge da guerra fria os foguetes de Von Braun levariam os humanos a deixar suas primeiras pegadas nas suaves areias do solo lunar.

Von Braun foi um pioneiro e visionário das viagens espaciais, ele é mundialmente conhecido por sua liderança do projeto aeroespacial americano durante a Corrida Espacial, tendo trabalhado como projetista chefe do primeiro foguete de grande porte movido a combustível líquido produzido em série, o Aggregat 4, e por liderar o desenvolvimento do foguete Saturno V, que levou os astronautas dos EUA à Lua, em julho de 1969. Mas, apesar de todas essas façanhas alcançadas, ele não estava sozinho, do outro lado do planeta existia um visionário chamado Sergei Korolev, que viria a desafiar o reinado de Von Braun.

Sergei Pavlovich Korolev foi um cientista visionário e o líder do programa espacial soviético, responsável por alguns dos maiores avanços da humanidade no espaço. Apesar de enfrentar desafios incríveis, incluindo a prisão e a perseguição durante a época da União Soviética, Korolev nunca deixou de acreditar na sua visão e dedicou sua vida a torná-la uma realidade.

Korolev nasceu na Rússia e desde muito jovem descobriu sua paixão pela ciência e pela exploração espacial. Ele estudou as leis da física e da mecânica, e logo começou a trabalhar em projetos que o levaram a ser um dos líderes do programa espacial soviético.

O programa espacial soviético alcançou um dos seus maiores sucessos com o lançamento do primeiro satélite artificial da história, o Sputnik. Este evento mudou a história da ciência e da exploração espacial para sempre, e Korolev foi um dos homens por trás desta realização incrível.

Além do Sputnik, Korolev também liderou a equipe que enviou o primeiro astronauta a orbitar a Terra, Yuri Gagarin. Este evento foi um marco histórico na exploração espacial e mostrou ao mundo a capacidade da ciência soviética de alcançar objetivos audaciosos no espaço. Sua dedicação e visão incansáveis inspiraram gerações de cientistas e astronautas, e sua história é uma lição de coragem e determinação.

Esses três homens são apenas alguns dos muitos cientistas que trabalharam incansavelmente para nos levar além da Terra e explorar o universo. Graças a seus esforços, logramos êxito ao lançar missões para estudar o Sol, planetas, cometas e asteroides, e até mesmo enviar sondas interplanetárias para estudar o espaço interestelar.

Certamente, devemos muito aos trabalhos desses cientistas, que nos ajudaram a alcançar novos patamares na exploração espacial. E, sem dúvida, a ciência espacial continuará a crescer e nos desafiar a explorar ainda mais o desconhecido.

Destino: A Lua, Marte e Além

Desde um ponto de vista romântico, a Terra ainda continua a ser o lugar mais significante do universo para os humanos, pois este é nosso lar, a vida da qual descendemos se originou e evoluiu aqui, os humanos mesmo com toda a ciência e tecnologia desenvolvida ao longo do tempo continuarão, pelo menos nas próximas décadas, no mesmo lugar. Com alguns pesares, sem nenhuma garantia de sobrevivência como mostrado pelos acontecimentos dos últimos anos, mas estamos aqui elaborando nosso destino, aprendendo com o passado, para no futuro podermos continuar a existir como espécie.

Diante do panorama atual pelo qual passa nossa espécie e o fato de ainda termos que continuar aqui na Terra, talvez seja uma das principais razões para conscientizarmos em não destruir nosso mundo e em nos ajudarmos mutuamente.

Talvez essa seja a receita para nossa sobrevivência, mais amor e respeito conosco e com as demais espécies com o qual compartilhamos este mundo. Mas, ao mesmo tempo, investindo recursos que nos permitam adquirir o conhecimento para explorar nossas vizinhanças cósmicas e encontrar um lugar onde a espécie humana possa ficar segura caso a Terra não ofereça mais essa garantia. A colonização da Lua e de Marte é o objetivo de muitas agências espaciais e empresas privadas de enviar, as quais planejam enviar seres humanos e instalar estruturas permanentes nesses corpos celestes. A história da colonização da Lua e de Marte ainda está sendo escrita, mas alguns dos eventos e desenvolvimentos mais importantes incluem:

- Missões Apollo: A NASA lançou uma série de missões Apollo entre 1969 e 1972, que levaram astronautas americanos à Lua. Durante essas missões, os astronautas realizaram caminhadas na superfície lunar e coletaram amostras de rocha e solo.

-Missões Viking: A NASA lançou duas sondas Viking para Marte em 1975, que realizaram experimentos científicos na superfície marciana e buscaram evidências de vida.

Figura IV.2: O rover Perseverance da NASA que atualmente está explorando o planeta Marte tirou essa selfie de si mesmo olhando para um dos 10 tubos de amostra depositados no depósito de amostras que criou em uma área apelidada de "Three Forks". Esta imagem foi tirada pela câmera WATSON no braço robótico do rover em 22 de janeiro de 2023, o 684º dia marciano, ou sol, da missão. Fonte: NASA/JPL-Caltech/MSSS.

-Missões Rover: Desde 1996, a NASA enviou várias sondas Rover para Marte, que têm explorado a superfície marciana e coletado amostras de rocha e solo.

-Missões habitacionais: A NASA e outras agências espaciais estão trabalhando em projetos para enviar seres humanos para a Lua e para Marte. Esses projetos incluem a criação de veículos espaciais habitacionais, sistemas de suporte à vida e tecnologias para extrair recursos naturais dos corpos celestes.

As empresas privadas têm começado a desempenhar um papel crescente na exploração espacial. Alguns exemplos incluem:

-SpaceX: Fundada por Elon Musk, a SpaceX é uma empresa americana que desenvolve foguetes e naves espaciais reutilizáveis. A SpaceX tem realizado vários lançamentos comerciais e também tem contrato com a NASA para fornecer transporte de carga e tripulação para a Estação Espacial Internacional.

-Blue Origin: Fundada por Jeff Bezos, a Blue Origin é uma empresa americana que desenvolve foguetes e naves espaciais reutilizáveis. A Blue Origin tem realizado vários lançamentos comerciais e está trabalhando em projetos para levar turistas e cientistas ao espaço.

-Virgin Galactic: Fundada por Richard Branson, a Virgin Galactic é uma empresa americana que desenvolve naves espaciais turísticas. A Virgin Galactic tem realizado vários voos de teste e planeja começar a oferecer voos suborbitais comerciais em breve.

-Boeing: Uma das maiores fabricantes de aviões do mundo, a Boeing está desenvolvendo veículos espaciais e sistemas de transporte para levar seres humanos e cargas para a Estação Espacial Internacional e outros destinos espaciais.

-Lockheed Martin: uma das maiores empresas de defesa do mundo, a Lockheed Martin está desenvolvendo tecnologias para exploração espacial, como veículos habitacionais e sistemas de propulsão. Essas são apenas algumas das empresas privadas que estão trabalhando na exploração espacial.

Missão às estrelas

Cientistas ao redor do mundo estão trabalhando para tornar possível as missões às estrelas, estes são projetos para enviar naves espaciais para explorar sistemas estelares além do nosso Sistema Solar. Até agora, as missões às estrelas ainda são consideradas como projetos futuristas, mas alguns esforços significativos estão sendo feitos para torná-los realidade.

-Projeto Breakthrough Starshot: É uma iniciativa patrocinada pelo Fundo Breakthrough para enviar uma sonda à estrela mais próxima, Alpha Centauri, usando propulsão a laser.

-Projeto Icarus: Uma missão proposta pela Agência Espacial Europeia (ESA) para enviar uma sonda para estudar as propriedades de uma estrela além do sistema solar.

-Projeto de missão espacial de longa duração: A NASA tem planos para enviar uma nave para estudar uma estrela próxima e seus planetas potencialmente habitáveis, como parte de seus esforços de missão de longa duração para encontrar vida fora da Terra.

-Projeto de missão espacial de longa duração: A Agência Espacial da China (CNSA) tem planos de enviar uma nave para estudar uma estrela próxima e seus planetas potencialmente habitáveis.

Esses são alguns dos principais projetos que estão sendo desenvolvidos para explorar as estrelas, no entanto, ainda é preciso muita pesquisa e desenvolvimento para tornar essas missões uma realidade devido às dificuldades técnicas e financeiras.

Até agora, apenas algumas sondas espaciais têm viajado pelo espaço interestelar. Entre elas as sondas Pioneer 10 e Pioneer 11 e as Voyager 1 e Voyager 2 foram projetadas para estudar os planetas exteriores do nosso Sistema Solar. Em 2012, a Voyager 1 se tornou a primeira nave a entrar no espaço interestelar, e a Voyager 2 a seguiu em 2018. Ambas as sondas ainda estão transmitindo dados de volta à Terra.

As sondas Helios 1 e Helios 2 lançadas pela NASA e DLR (Agência Espacial Alemã) em 1974 e 1976, respectivamente, foram projetadas para estudar o sol e o vento solar. Ambas as sondas entraram no espaço interestelar e continuam a transmitir dados.

Lançada pela NASA em 2006, a sonda New Horizons foi projetada para estudar Plutão e seu sistema de satélites. Em 2019, a New Horizons passou pela Ultima Thule, um objeto interestelar no cinturão de Kuiper.

Essas sondas espaciais, viajando pelo espaço, interestelar estão nos permitindo entender melhor o universo e sua dinâmica e também nos permitindo descobrir novos fenômenos e corpos celestes.

Mensagens através do oceano cósmico

Nesta parte do livro gostaria de falar sobre duas missões espaciais fascinantes e pioneiras: as sondas Pioneer 10 e 11. Lançadas em 1972 e 1973, respectivamente, essas sondas foram as primeiras a viajar por meio do Cinturão de Asteroides e a visitar Júpiter e Saturno. Mas o que as tornou ainda mais notáveis foram as mensagens que carregavam, destinadas a possíveis formas de vida extraterrestre.

As sondas Pioneer foram as primeiras a carregar uma placa de identificação para ser vista por outras civilizações em potencial. A placa foi projetada pelos famosos astrônomos e astrofísicos Frank Drake e Carl Sagan. A placa incluía informações sobre a Terra, como nossa localização no Sistema Solar e figuras humanas para representar a aparência dos seres humanos.

Além da placa, as sondas também carregavam uma mensagem de rádio, contendo sons e imagens selecionados para representar a diversidade da vida na Terra. O objetivo era enviar uma mensagem de paz e amizade para qualquer civilização que pudesse interceptar a sonda.

As sondas Pioneer continuaram a enviar dados até 1995 e, embora tenham perdido contato com a Terra, continuam em uma jornada pelo espaço profundo. Atualmente, a Pioneer 10 está a cerca de 15 bilhões de quilômetros da Terra, e a Pioneer 11 está a cerca de 13 bilhões de quilômetros. Ambas seguem em direção ao espaço interestelar, levando consigo a mensagem que esperamos que um dia chegue a ser vista e compreendida por outras formas de vida.

Essas missões foram marcos importantes na exploração do espaço e na busca por vida extraterrestre. A placa e a mensagem enviadas pelas sondas Pioneer simbolizam nossa curiosidade, nosso desejo de explorar e nossa esperança de estabelecer contato com outras formas de vida no universo.

Lançadas em 1977, as Voyager 1 e 2 foram as primeiras espaçonaves a explorar os planetas exteriores do nosso Sistema Solar, incluindo Júpiter, Saturno, Urano e Netuno. Além disso, elas carregam consigo uma mensagem que pretende representar a humanidade para possí-

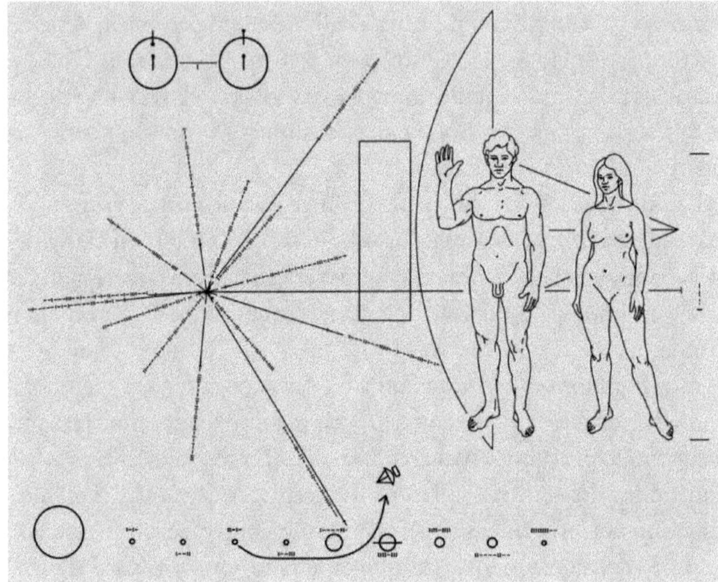

Figura IV.3: Placa enviada a bordo das sondas Pioneer 10 e 11. Créditos: NASA Ames Research Center (NASA-ARC) – Ames Pioneer 10

veis formas de vida inteligente que possam encontrar no espaço. Essa mensagem está gravada em um disco de ouro preso à sonda, que contém sons, imagens e informações sobre a Terra e nossa espécie, incluindo saudações em diversas línguas, imagens do corpo humano e dos monumentos e paisagens da Terra, além de trechos de músicas e sons naturais.

A ideia da mensagem é representar a diversidade da vida e cultura na Terra, e mostrar um pouco sobre a humanidade para quem quer que possa encontrá-la. Isso foi uma iniciativa incrível e pioneira, que mostrou o desejo dos seres humanos de se conectar com outras formas de vida inteligente no universo.

Hoje em dia, essas sondas estão muito longe da Terra, viajando no espaço interestelar, e ainda transmitem dados e informações para nós. Elas continuam a desafiar as fronteiras da exploração espacial e nos inspiram a buscar mais conhecimento sobre o nosso universo.

A missão das sondas Voyager é uma verdadeira homenagem à ciência e à curiosidade humana e um exemplo de como a ciência pode unir as pessoas em busca de respostas. Estamos ansiosos para descobrir quais os mistérios que as Voyager ainda nos revelarão.

Futuras missões espaciais

Continuando o legado deixado por Tsiolkovsky, Korolev e von Braun, as futuras missões espaciais prometem ser emocionantes e cheias de descobertas. Aqui estão algumas possibilidades interessantes: A exploração de Marte continuará a ser um foco importante para futuras missões espaciais. Com várias missões já planejadas e em andamento, podemos esperar aprender muito mais sobre o planeta vermelho, incluindo a possibilidade de colonização humana.

O Retorno à Lua acontecerá depois de décadas, os planos para uma nova missão tripulada à Lua estão em andamento. Isso pode incluir novos programas de exploração lunar, bem como a possibilidade de construir uma base na Lua.

A busca por planetas habitáveis fora do nosso Sistema Solar continuará, com novas missões projetadas para detectar e estudar planetas em outras estrelas. Enquanto a exploração de Marte e da Lua continua, futuras missões também poderão explorar outros lugares no Sistema Solar, como os planetas gasosos de Júpiter e Saturno, bem como as luas congeladas de Júpiter e Saturno, como Europa e Encélado.

As missões espaciais também continuarão a impulsionar o desenvolvimento de novas tecnologias e inovações, incluindo tecnologias de propulsão mais avançadas, novos materiais e técnicas de fabricação, e tecnologias de suporte à vida para futuras missões tripuladas.

Do espaço para a Terra

Pessoalmente, gostaria de expressar minha sincera gratidão a todos os cientistas que dedicam suas vidas à exploração espacial. Vocês são os pioneiros que empurram os limites da compreensão humana e abrem caminho para novas descobertas que beneficiam toda a humanidade.

Muitos podem pensar que o investimento na exploração espacial é um gasto desnecessário, mas eu argumento que é exatamente o oposto. Cada dólar investido na exploração espacial é um investimento em nosso futuro, pois todas as tecnologias desenvolvidas para essa finalidade acabam por beneficiar a Terra.

Desde o início da exploração espacial, temos visto uma série de descobrimentos diretos para a humanidade, graças à dedicação e paixão de muitos cientistas brilhantes.

A exploração espacial nos permitiu desenvolver novas tecnologias, como satélites de comunicação, tecnologia de navegação por GPS, e medicamentos e equipamentos médicos avançados. Além disso, a estação espacial internacional tem sido uma plataforma crucial para o avanço da ciência, permitindo aos cientistas estudar a microgravidade e seu impacto no corpo humano, bem como realizar experimentos em Biologia, Física e Química.

Mas a verdadeira riqueza da exploração espacial está nas pessoas por trás disso, os cientistas dedicados e brilhantes que trabalham dia após dia para expandir nossa compreensão do universo e da vida ao nosso redor. Eles são os verdadeiros heróis da ciência, e sua paixão e dedicação são um exemplo para todos nós.

Eu fico emocionado ao pensar nas possibilidades da exploração espacial e nas tecnologias ainda por vir. E espero que vocês também sejam inspirados pela dedicação e paixão dos cientistas que trabalham nesta área e que sigam explorando e descobrindo as maravilhas do universo ao nosso redor.

Capítulo V

Os cientistas e as teorias

As teorias são como lentes através das quais vemos o mundo. E, às vezes, precisamos de novas lentes para enxergar coisas que antes eram invisíveis.

Stephen Hawking

As teorias científicas são como mapas, sempre em desenvolvimento e atualização, mas nos fornecendo uma compreensão cada vez mais precisa da realidade.

Brian Green

Os cientistas buscam compreender a natureza e as leis que governam o universo e é através do desenvolvimento de teorias científicas que eles chegam a essa compreensão. Mas não é suficiente apenas ter uma teoria, é preciso testá-la e validá-la através de experimentos e observações rigorosas. Portanto, é crucial valorizarmos e apoiarmos a ciência e seus cientistas para que possamos continuar a expandir nossa compreensão do mundo e da natureza.

Em outras palavras as teorias científicas são como uma lente para o universo, nos permitindo ver as coisas de uma forma mais clara e objetiva. É graças aos cientistas, que dedicam suas vidas ao estudo e à compreensão do mundo natural, que temos as teorias científicas que conhecemos hoje. Eles são os verdadeiros aventureiros da mente, explorando o desconhecido e trazendo de volta informações preciosas sobre o mundo natural. Como tenho falado ao longo deste livro, desde os antigos filósofos gregos até os cientistas modernos, a humanidade tem buscado compreender o mundo natural e os fenômenos que ocorrem ao seu redor. Foi assim que, ao longo dos séculos, nós assistimos ao surgimento e ao desenvolvimento de teorias revolucionárias, como a teoria heliocêntrica de Copérnico, que colocou o Sol no centro do Sistema Solar, ou a teoria da evolução de Darwin, que mudou a forma como entendemos a origem da vida na Terra.

Mas não podemos esquecer das teorias científicas mais recentes, como a teoria da relatividade de Einstein, que revolucionou a forma como entendemos o espaço e o tempo, ou a teoria da física quântica, que explica como a matéria e a energia se relacionam no universo. Cada uma dessas teorias foi desenvolvida por um cientista brilhante, que dedicou sua vida à compreensão do mundo natural. E cada uma delas é uma pedra importante no edifício da ciência, ajudando a construir uma imagem mais clara e completa do universo.

O processo pelo qual as teorias científicas são desenvolvidas é uma jornada fascinante que começa com a coleta de dados precisos e precisos. Em seguida, esses dados são analisados com cuidado, buscando padrões e relações que possam fornecer pistas sobre como o universo funciona. A partir daí, os cientistas formulam hipóteses - ideias, que tentam explicar como as coisas funcionam que podem ser testadas por meio de experimentos rigorosos. Esses experimentos ajudam a refinar ou refutar as hipóteses, o que eventualmente leva à formulação de uma teoria mais robusta e sólida.

É importante destacar que o processo de desenvolvimento de teorias científicas é contínuo e nunca realmente termina. Novos dados podem surgir a qualquer momento que possam mudar nossa compreensão das coisas, e é por isso que a ciência é uma empreitada em constante evolução. Mas o que torna tudo isso tão importante? Bem, as teorias científicas são a base de nossa compreensão do mundo e de tudo o que nos cerca. Elas nos permitem explicar e prever eventos naturais, desde a formação de tempestades até as origens do universo. E não apenas isso, elas também fornecem a base para a inovação tecnológica e a criação de novos medicamentos e tecnologias que mudam nossas vidas.

Charles Darwin e a evolução

A Teoria da Evolução por Seleção Natural é uma das mais importantes e revolucionárias teorias científicas de todos os tempos e volveremos a falar dela nos próximos capítulos. Ela foi desenvolvida por Charles Darwin ao longo de muitos anos de pesquisa e observação, e tem sido confirmada e reforçada por décadas de evidências empíricas.

A Teoria da Evolução por Seleção Natural afirma que as espécies evoluem ao longo do tempo por meio de uma combinação de variação genética aleatória e seleção natural. Em outras palavras, as espécies que possuem características mais adaptadas ao seu ambiente são mais propensas a sobreviver e reproduzir-se, transmitindo essas características para as gerações futuras. Com o tempo, estas pequenas mudanças acumuladas podem levar a transformações significativas na forma e na função das espécies.

Charles Darwin formulou esta teoria após uma viagem de cinco anos a bordo do navio HMS *Beagle*, durante a qual ele teve a oportunidade de coletar amostras de plantas e animais em todo o mundo. Sua observação da variedade biológica em diferentes partes do mundo e sua compreensão da seleção natural na agricultura e na criação de animais de estimação o levaram a desenvolver a Teoria da Evolução por Seleção Natural.

Os cientistas da Física Quântica

A Teoria da Física Quântica descreve a natureza da realidade no nível subatômico e tem sido usada para explicar uma ampla gama de fenômenos, desde a estrutura dos átomos até a natureza da radiação eletromagnética.

A Física Quântica foi desenvolvida por uma série de cientistas ao longo de vários anos, incluindo Max Planck, Albert Einstein, Niels Bohr, Erwin Schrödinger e Werner Heisenberg. Cada um desses cientistas contribuiu com conceitos importantes para a teoria, como a natureza quantizada da energia, o conceito de incerteza quântica e a descrição da evolução quantizada de sistemas.

De acordo com a Teoria da Física Quântica, a realidade não pode ser descrita de forma determinista, como acontece na Física Clássica. Em vez disso, a realidade é descrita em termos de probabilidades, e as partículas subatômicas comportam-se como ondas e como partículas ao mesmo tempo. Além disso, a Teoria da Física Quântica descreve como as partículas interagem com o seu ambiente, como a medição quântica que pode mudar o estado de uma partícula.

A compreensão da natureza subatômica do universo tem permitido a criação de tecnologias como lasers, transistores, dispositivos de armazenamento de informações, entre outros. Além disso, a Física Quântica também tem sido fundamental para o desenvolvimento de tecnologias mais avançadas, como a computação quântica, que promete revolucionar a maneira como tratamos e processamos informações. É uma verdadeira maravilha ser testemunha do poder da ciência e do conhecimento humano em ajudar a moldar e melhorar nossa vida e o mundo ao nosso redor.

Gregor Mendel e Teoria da Genética

A teoria da Genética tem uma influência fundamental na nossa compreensão da vida. Esta teoria descreve como a informação genética é transmitida de geração em geração e como ela influencia as características de uma espécie.

A Teoria da Genética tem suas raízes no trabalho do monge austríaco Gregor Mendel, que viveu no século XIX. Mendel conduziu experimentos rigorosos com plantas de ervilha e descobriu as leis da herança genética que agora são conhecidas como as "Leis de Mendel". Ele descobriu que os traços hereditários são transmitidos de pai para filho através de unidades hereditárias chamadas de genes, e que os genes podem ser dominantes ou recessivos.

As descobertas de Mendel foram esquecidas por muitos anos, mas foram redescobertas no início do século XX e rapidamente se tornaram uma parte fundamental da Teoria da Genética. Desde então, a Teoria da Genética tem sido continuamente desenvolvida e aperfeiçoada, levando à descoberta de moléculas como o DNA e RNA e à compreensão de como eles codificam informações genéticas.

A Teoria da Genética é outra das grandes realizações da ciência moderna e tem revolucionado nossa compreensão da vida. A Teoria da Genética tem implicações profundas para a Biologia, para a Medicina e para a Agricultura, e continuará a ter um impacto importante nas nossas vidas por muitas gerações. Tudo isso começou com as descobertas notáveis de Gregor Mendel e sua dedicação à ciência.

Rudolf Clausius e a Termodinâmica

A Teoria da Termodinâmica é uma das principais ferramentas para entendermos a relação entre energia e entropia durante as transformações físicas e térmicas de um sistema. Seu pioneiro foi o físico alemão Rudolf Clausius, que desenvolveu a primeira forma da lei da termodinâmica. De acordo com esta lei, a entropia de um sistema fechado sempre aumenta ao longo do tempo. Clausius também foi responsável por conceber a noção de energia térmica, ou calor, como uma forma de energia que pode ser transferida entre sistemas.

As descobertas de Clausius foram desenvolvidas e aprimoradas por outros cientistas ao longo do tempo, levando à formação da Teoria da Termodinâmica moderna. Essa teoria é de fundamental importância em diversas áreas, como engenharia, física, química e biologia. De fato, a teoria tem implicações profundas para muitos campos, ajudando-nos a compreender como o universo funciona.

Em resumo, a Teoria da Termodinâmica nos permite entender como a energia e a entropia estão inter-relacionadas durante as transformações físicas e térmicas de um sistema. Essa teoria surgiu a partir dos trabalhos de Rudolf Clausius, que desenvolveu a primeira lei da termodinâmica e a noção de energia térmica. A partir daí, cientistas de diferentes áreas contribuíram para aperfeiçoar a teoria, tornando-a uma ferramenta essencial para a compreensão do mundo ao nosso redor.

Alessandro Volta e a Eletroquímica

A Teoria da Eletroquímica é uma das teorias mais fascinantes da ciência, que tem desempenhado um papel fundamental na compreensão da natureza da eletricidade e da Química. Suas raízes podem ser encontradas nas descobertas do cientista italiano Alessandro Volta, que viveu no século XIX. Volta é uma figura notável na história da ciência, pois foi ele quem desenvolveu a primeira pilha elétrica e descobriu a relação entre a Química e a eletricidade.

Graças às descobertas de Volta e outros cientistas que trabalharam em eletroquímica, a teoria tem sido aplicada em uma ampla variedade de campos. A tecnologia de baterias, por exemplo, é um campo que depende diretamente dos princípios da eletroquímica. Além disso, a eletroquímica tem sido crucial para a produção de energia e a tecnologia de sensores, e tem fornecido novas informações sobre a biologia celular e a natureza da vida.

A importância de Volta na história da eletroquímica não pode ser subestimada. Sua descoberta da pilha elétrica levou à descoberta da eletricidade contínua, e sua compreensão da relação entre a Química e a eletricidade foi uma conquista notável em um momento em que a natureza da eletricidade ainda era mal compreendida. Sem o trabalho pioneiro de Volta, a teoria da eletroquímica poderia ter levado muito mais tempo para se desenvolver.

Em resumo, a Teoria da Eletroquímica é uma das teorias mais importantes da ciência, com aplicações em uma ampla variedade de campos. As raízes da teoria podem ser encontradas nas descobertas de Alessandro Volta, um cientista notável que foi pioneiro na compreensão da relação entre a Química e a eletricidade. A teoria de Volta e outros cientistas subsequentes teve um impacto enorme na tecnologia e na compreensão da vida, tornando-a uma das teorias mais importantes da ciência moderna.

René Descartes e a Geometria Analítica

A Teoria da Geometria Analítica é uma das teorias mais importantes e fundamentais da Matemática. Ela tem desempenhado um papel vital na evolução da ciência e da tecnologia, permitindo aos matemáticos e aos cientistas compreenderem e modelarem o mundo que os cerca de uma forma completamente nova e revolucionária.

A Teoria da Geometria Analítica tem suas raízes nas descobertas de René Descartes, o filósofo e matemático francês que viveu no século XVII. Descartes foi o primeiro a unir a geometria e a álgebra, criando uma nova forma de representar as relações matemáticas usando coordenadas cartesianas. Com sua teoria, ele permitiu aos matemáticos visualizar e estudar as formas matemáticas de uma forma completamente nova e inovadora.

A Teoria da Geometria Analítica desenvolvida por Descartes tem sido aplicada em uma ampla variedade de campos, incluindo a Física, a Engenharia, a Arquitetura, a Economia e muito mais. Ela também tem sido crucial para a compreensão da computação gráfica e da representação visual da informação matemática.

Carl Sagan e a Astrobiologia

A Teoria da Astrobiologia é uma área de estudo incrivelmente fascinante que explora a possibilidade de vida fora da Terra. Embora Carl Sagan não tenha formalmente formulado a teoria da astrobiologia, ele foi um dos primeiros a explorar e popularizar a ideia de que a vida pode existir em outros lugares no universo.

Na década de 1950, ele começou a estudar a possibilidade de vida fora da Terra, tendo em mente a crescente compreensão da Astronomia e da Biologia da época. Sagan acreditava firmemente que a vida é uma propriedade fundamental da natureza e que a existência de planetas habitáveis em outras partes do universo era uma possibilidade real.

A Teoria da Astrobiologia é baseada na ideia de que a vida pode se originar e se desenvolver em outros planetas, se as condições adequadas forem presentes. Isso inclui a presença de água líquida, um ambiente estável com temperaturas adequadas e uma fonte de energia para a vida. Além disso, a teoria também sugere que a vida pode se desenvolver de diferentes formas em diferentes planetas, com base em suas condições únicas.

Desde então, a Teoria da Astrobiologia evoluiu para incluir a pesquisa sobre a detecção e caracterização de planetas fora do nosso Sistema Solar, a investigação sobre a forma como a vida pode ter se originado na Terra e a busca por evidências de vida em outros planetas. Pessoalmente, sou fascinado com a possibilidade de descobrir a vida em outros planetas e estou animado para ver como essa teoria se desenvolverá no futuro, quando surgirem evidências concretas da existência de vida em outros mundos.

Louis Pasteur e Microbiologia

A Teoria da Microbiologia, formulada por Louis Pasteur, é uma das teorias mais importantes e revolucionárias da história da ciência. Esta teoria mudou completamente a forma como pensamos sobre a vida e a saúde, e teve um impacto duradouro e profundo em nossa sociedade. Antes de Pasteur, as pessoas acreditavam na teoria da geração espontânea, segundo a qual os organismos vivos podem aparecer do nada, a partir de matéria inanimada. No entanto, Pasteur desafiou essa crença com suas descobertas e experimentos rigorosos. A Teoria da Microbiologia de Pasteur afirma que todos os seres vivos provêm de seres vivos semelhantes. Ele mostrou que os microorganismos, como bactérias e vírus, são responsáveis por doenças e que a prevenção de infecções depende da eliminação de microorganismos patogênicos. Além disso, ele desenvolveu técnicas de esterilização para impedir a contaminação de alimentos e medicamentos, o que revolucionou a indústria alimentícia e farmacêutica. Pasteur também descobriu a fermentação, o processo pelo qual as bactérias convertem açúcares em álcool e gás carbônico, e estabeleceu a base para a indústria de cerveja, vinho e levedura.

Santiago Ramón y Cajal e a Neurociência

A Teoria da Neurociência, formulada por Santiago Ramón y Cajal, é uma das teorias mais importantes e revolucionárias da história da ciência. Esta teoria mudou completamente a forma como pensamos sobre o sistema nervoso e o cérebro, tendo um impacto duradouro e profundo em nossa compreensão da consciência, da memória, do comportamento e da saúde mental.

Antes de Cajal, as pessoas acreditavam que o sistema nervoso era formado por uma massa contínua de tecido, sem estrutura definida. No entanto, Cajal mudou essa crença com suas descobertas e experimentos rigorosos.

A Teoria da Neurociência de Cajal afirma que o sistema nervoso é formado por uma rede de células nervosas isoladas, ou neurônios, que se conectam entre si por meio de sinapses. Ele descobriu as estruturas microscópicas dos neurônios e estabeleceu a base para a compreensão da transmissão de sinais nervosos e da plasticidade neuronal.

Além disso, Cajal estabeleceu as bases para a compreensão da neurodegeneração e do envelhecimento cerebral, e teve um impacto profundo em nossa compreensão da doença de Alzheimer e de outras condições neurológicas.

Marie Curie e Radioatividade

A Teoria da Radioatividade, formulada por Marie Curie, é uma das teorias mais importantes e revolucionárias da história da ciência. Sua teoria mudou completamente a forma como pensamos sobre a matéria e a energia, e teve um impacto duradouro e profundo em nossa compreensão da Física, da Química e da Medicina. Marie Curie foi uma cientista excepcional que realizou experimentos rigorosos e descobriu elementos que mudariam para sempre a nossa compreensão do universo.

Antes de Curie, as pessoas acreditavam que a matéria era estável e não mudava ao longo do tempo. Curie mudou essa crença com suas descobertas e experimentos. A Teoria da Radioatividade de Curie afirma que algumas substâncias são radioativas, ou seja, emitem radiação, e que essa radiação tem uma origem subatômica. A descoberta dos elementos polônio e rádio abriu novos caminhos para a compreensão da radioatividade natural e artificial, da fissão nuclear e da fusão nuclear.

Além de seu impacto em Física e Química, Curie teve um impacto profundo em nossa compreensão da medicina. A radioatividade é utilizada em muitos tratamentos médicos, incluindo a radioterapia, que é usada no tratamento de diversos tipos de câncer. Essa técnica tem salvado inúmeras vidas desde sua descoberta e é um exemplo concreto do impacto da teoria de Curie na medicina.

Em resumo, a Teoria da Radioatividade de Curie é uma das teorias mais importantes e revolucionárias da história da ciência, tendo um impacto profundo em nossa compreensão da Física, da Química e da Medicina. As descobertas de Curie abriram novos caminhos para a compreensão da radioatividade natural e artificial, da fissão nuclear e da fusão nuclear. Sua teoria também tem aplicações na medicina, salvando inúmeras vidas por meio de tratamentos de radioterapia. Marie Curie é uma das cientistas mais notáveis e inspiradoras de todos os tempos.

Gerald Kuiper e Geologia Planetária

A Geologia Planetária formulada por Gerald Kuiper é uma das teorias mais importantes e revolucionárias na história da ciência planetária. Esta teoria mudou a forma como pensamos sobre os planetas do nosso Sistema Solar e sobre a formação e evolução dos sistemas planetários em geral.

Antes da teoria de Kuiper, as pessoas acreditavam que os planetas eram formados de maneira isolada, um a um, a partir de uma nuvem de gás e poeira. No entanto, Kuiper apresentou evidências convincentes de que os planetas são formados a partir de uma nuvem coletiva de material e que essa nuvem se contrai e se transforma em planetas.

A Teoria da Geologia Planetária de Kuiper também explica como os planetas adquirem sua massa, como as luas são formadas e como os planetas evoluem ao longo do tempo. Além disso, a teoria fornece uma base sólida para compreender a formação de outros sistemas planetários ao redor de outras estrelas e como os planetas podem ser habitáveis. Mas a Geologia Planetária não é apenas uma questão acadêmica, ela também tem implicações profundas para nossa compreensão da vida no universo. A pesquisa na área pode nos ajudar a descobrir outros planetas habitáveis e a compreender como a vida surgiu em nosso próprio planeta.

Capítulo VI

Nossas origens

A evolução é uma luta pela sobrevivência, não apenas entre as espécies, mas também dentro de cada espécie.

Charles Darwin

A origem da vida é uma questão fundamental da biologia e da astrobiologia, e pode nos dar uma visão mais profunda do universo..

Carl Sagan

*D*esde épocas primitivas, os seres humanos têm buscado compreender as origens da vida e de onde viemos. A ciência é a ferramenta mais poderosa que temos para obter conhecimento sobre o mundo e para responder a estas perguntas fundamentais.

Os cientistas que trabalham na linha de frente para compreender a origem da vida estão usando métodos rigorosos e precisos para examinar as evidências e formular hipóteses. Eles estão testando teorias e construindo modelos para explicar como a vida surgiu na Terra. A evolução é um fato fundamental na compreensão das origens da vida. A teoria da evolução por seleção natural explica como a vida se desenvolveu ao longo do tempo e como as espécies se adaptaram às mudanças no ambiente. Os cientistas estão usando a evolução para reconstruir a árvore genealógica da vida e para entender como as diferentes espécies surgiram.

Além disso, os cientistas estão investigando a biologia molecular e a genética para descobrir como as moléculas básicas da vida, como o DNA e as proteínas, surgiram e evoluíram. Eles estão usando técnicas avançadas para estudar as primeiras formas de vida e para descobrir como as células se desenvolveram.

A descoberta das origens da vida é uma jornada contínua e estes cientistas na linha de frente são os verdadeiros exploradores, buscando respostas para perguntas profundas e complexas. Eles estão desafiando nossas crenças e mudando a forma como pensamos sobre o mundo e sobre nós mesmos. Eles são exemplos de como a ciência pode nos ajudar a alcançar uma compreensão mais profunda e precisa da natureza da vida e do universo. Existem várias teorias sobre as origens da vida, como por exemplo:

-Teoria da origem química: De acordo com essa teoria, a vida surgiu a partir de moléculas simples, como aminoácidos e nucleotídeos, que se combinaram para formar moléculas mais complexas, como proteínas e ácidos nucleicos.

-Teoria da origem cósmica: Essa teoria sugere que a vida surgiu a partir de matéria orgânica presente em cometas e meteoritos que caíram na Terra.

-Teoria da panspermia: De acordo com essa teoria, a vida surgiu em outro planeta e foi transportada para a Terra por meio de corpos celestes, como cometas ou meteoros.

-Teoria da origem espontânea: Essa teoria sugere que a vida surgiu a partir de processos químicos espontâneos na Terra primitiva.

Atualmente, a teoria mais aceita é a da origem química, que sustenta que a vida surgiu a partir de moléculas simples que se combinaram para formar moléculas mais complexas, como proteínas e ácidos nucleicos. A busca pelas origens da vida é um campo em constante evolução. Diversos cientistas ao redor do mundo continuam na linha de frente, realizando novas descobertas, usando ferramentas cada vez mais tecnológicas e trabalhando arduamente para contribuir com nossa compreensão do assunto.

Os cientistas que estudam a origem da vida são conhecidos como *Origin-of-life (OOL) researchers*. Eles usam uma variedade de abordagens, como química, biologia, física e astrobiologia, para tentar entender como a vida surgiu na Terra. Eles estudam como as moléculas simples podem se juntar para formar moléculas mais complexas e como essas moléculas podem evoluir para se tornar células vivas. Eles também estudam as condições ambientais que podem ter favorecido o surgimento da vida na Terra, bem como as possibilidades de vida em outros planetas ou satélites.

O que é essa tal de vida?

A vida é um conceito complexo que ainda está sendo estudado e compreendido pela ciência. No entanto, existem algumas características comuns que são geralmente consideradas como definidores de vida. Algumas dessas características incluem:
-Metabolismo: A capacidade de processar nutrientes e transformá-los em energia é uma característica fundamental da vida.
-Crescimento e reprodução: A capacidade de crescer e reproduzir é essencial para a continuidade da vida.
-Resposta a estímulos: A capacidade de responder a estímulos do ambiente é uma característica fundamental da vida.
-Adaptação: A capacidade de se adaptar ao ambiente é essencial para a sobrevivência.
-Complexidade: A vida é composta de sistemas complexos de moléculas e células que trabalham juntos de maneira coordenada.
Apesar das características listadas acima, ainda há muito debate científico sobre o que é exatamente a vida. A ciência ainda está tentando entender como e porque a vida surgiu na Terra e se é algo comum

em outros lugares do universo.

A vida pelo universo

A possibilidade de existência de vida em outros lugares do universo é estudada por um ramo da ciência chamado Astrobiologia, que é a área científica que explora as fronteiras do conhecimento sobre a vida no universo, ou seja, a busca por respostas a perguntas profundas e eternas sobre nossa origem e nossa conexão com o cosmos.

Nós, seres humanos, sempre buscamos entender a nossa posição no universo e a Astrobiologia é a ferramenta que nos permite fazer isso, examinando as evidências de vida em outros planetas e sistemas estelares. Esta é uma jornada emocionante, cheia de desafios e mistérios a serem desvendados, mas acima de tudo, é uma oportunidade para expandir nossos horizontes e descobrir nossa verdadeira natureza como seres vivos em um universo cheio de vida potencial.

A Astrobiologia é a ciência que se concentra em entender a vida no universo, incluindo sua origem, evolução, distribuição e possibilidade de existir em outros planetas. E, como parte desta busca, precisamos ter uma definição clara de vida.

De acordo com essa definição, podemos interpretar a vida como qualquer forma de existência autossustentável e com capacidade de evoluir, independentemente de ser baseada em moléculas orgânicas ou de ser semelhantes a organismos conhecidos na Terra. Isso inclui a possibilidade de existir vida baseada em outras moléculas ou estruturas químicas, ou mesmo, até vida não biológica, como inteligência artificial ou algum outro tipo de vida. Além disso, a Astrobiologia considera a presença de moléculas orgânicas, como proteínas e ácidos nucleicos, como uma indicação de vida. Em resumo, a definição de vida na Astrobiologia é baseada em padrões observados na vida na Terra, mas também está aberta a mudanças à medida que descobrimos mais sobre a vida em outros lugares no universo.

Processo evolutivo

Os cientistas que estudam o processo evolutivo da vida são verdadeiros exploradores da natureza, buscando compreender as leis que governam a mudança ao longo do tempo. Eles estudam o passado da vida na Terra, traçando a linhagem das espécies de volta aos seus ancestrais comuns.

Eles investigam como a seleção natural e outras forças evolutivas moldaram a biodiversidade do nosso planeta. Esses cientistas são desbravadores, buscando respostas às perguntas mais profundas sobre a vida e sua evolução. Eles são detectives da biologia, analisando as evidências e reconstruindo a história da vida em todo o mundo.

Esses cientistas são parte de uma tradição de pesquisadores apaixonados que buscam compreender a natureza da vida e como ela se desenvolveu e se diversificou ao longo do tempo. O processo evolutivo da vida é o processo pelo qual a vida surgiu e evoluiu ao longo do tempo na Terra. Ele começou há cerca de 4,5 bilhões de anos, quando a Terra era um ambiente hostil e continuou até o presente. Como mencionado anteriormente, de acordo com a teoria da origem química, foi a formação de moléculas simples que deu o pontapé inicial para a vida. Essas moléculas por sua vez, evoluíram para formar células vivas.

Depois de se originarem, as células vivas passaram por um processo de evolução biológica, que incluiu a seleção natural e a mutação genética. A seleção natural é o processo pelo qual as células vivas com características adaptativas melhores sobrevivem e se reproduzem com maior sucesso, enquanto as células menos adaptadas morrem. A mutação genética é o processo pelo qual ocorrem alterações aleatórias nos genes das células vivas. Ao longo do tempo, esses processos evolutivos levaram à diversidade de formas de vida que existem hoje na Terra, incluindo plantas, animais, fungos e microorganismos. Esse processo continua até os dias de hoje, com as espécies que se adaptam melhor ao meio ambiente tendo mais chances de sobreviver e de se reproduzir.

Um experimento clássico sobre a origem da vida

Nós, sempre nos perguntamos como a vida surgiu na Terra e se existe vida em outros planetas. Para responder a essas perguntas, cientistas realizaram experimentos notáveis, como o experimento de Stanley Miller-Urey.

O experimento de Stanley Miller-Urey foi um dos primeiros a explorar a hipótese da origem da vida a partir de compostos simples na Terra primitiva. Ele simulou as condições presentes na Terra primitiva, incluindo a presença de gases como amônia, metano e vapor de água, e os sujeitou a choques elétricos que simularam descargas de raio. O resultado foi surpreendente, pois Miller descobriu que as reações químicas produziram uma variedade de compostos orgânicos, incluindo aminoácidos, que são os blocos fundamentais da vida.

Carl Sagan, também realizou um experimento semelhante para estudar as origens da vida. O experimento buscou simular as condições presentes em planetas do Sistema Solar e satélites naturais, como a lua de Júpiter, Europa ou a lua de Titã em Saturno e sua possibilidade de suportar formas de vida. O experimento de Stanley Miller-Urey e de Carl Sagan são apenas alguns exemplos da busca da ciência por compreender a origem da vida. Embora ainda haja muito a ser descoberto, esses experimentos fornecem uma visão importante da complexidade e fascinante natureza da vida no universo.

A seleção natural

Desde o surgimento da vida na Terra, há aproximadamente 3,5 bilhões de anos, o processo de seleção natural tem sido o motor da evolução. A partir de uma única célula, a vida evoluiu e diversificou-se em uma ampla variedade de formas, desde simples algas até os complexos seres humanos.

A seleção natural é a força que permite que as espécies melhorem ao longo do tempo, tornando-as mais aptas para sobreviver e se reproduzir. Aqueles indivíduos que possuem características benéficas para sua sobrevivência são mais propensos a passar seus genes para as gerações futuras.

Mas a evolução não é limitada apenas à Terra. O universo é composto por bilhões de sistemas planetários e estrelas e é possível que a vida possa existir em algum lugar fora do nosso Sistema Solar. Embora ainda não tenhamos encontrado evidências de vida extraterrestre, a busca por vida além da Terra é uma área ativa de pesquisa na Astrobiologia. Não há dúvida de que a seleção natural é um processo fundamental para a evolução da vida na Terra. É igualmente provável que esse mesmo processo esteja acontecendo em outras partes do universo. A seleção natural é um processo biológico que ocorre com base em pressões ambientais e interações entre indivíduos e suas características hereditárias. É amplamente aceito que a seleção natural é uma das principais forças evolutivas na Terra, e é provável que atue de maneira semelhante em outros planetas ou satélites naturais onde a vida possa existir.

No entanto, é importante notar que a seleção natural é baseada em pressões ambientais específicas de um planeta ou lua, e essas pressões podem ser muito diferentes daquelas encontradas na Terra. Por exemplo, em um planeta com uma atmosfera muito densa, as características adaptativas para sobreviver e se reproduzir podem ser diferentes daquelas necessárias em um planeta com uma atmosfera rarefeita. Além disso, a seleção natural pode ser influenciada pela presença ou ausência de outras formas de vida no planeta ou lua, bem como pela presença de diferentes recursos naturais.

Em resumo, a evolução pela seleção natural é uma história fascinante da jornada da vida na Terra e possivelmente no universo inteiro. É uma jornada cheia de desafios e descobertas e estamos apenas começando a compreendê-la. A Astrobiologia é a disciplina que nos permite explorar esta jornada e descobrir as respostas para algumas das perguntas mais profundas e fascinantes sobre a vida, o universo e tudo mais.

O desafio à teoria de Darwin

A teoria de evolução por seleção natural de Charles Darwin é amplamente aceita na comunidade científica, mas ela também tem sido alvo de críticas ao longo dos anos. Alguns dos principais desafios à teoria de Darwin incluem:

-Problema da origem da vida: A teoria de Darwin se concentra na evolução das espécies após a origem da vida, mas não explica como a vida surgiu na Terra. Isso é um problema para alguns críticos, que argumentam que a evolução não pode ser compreendida sem entender a origem da vida.

-Problema da evolução gradual: A teoria de Darwin sugere que a evolução ocorre de maneira gradual, através de pequenas mudanças acumulativas nos genes. No entanto, alguns cientistas argumentam que a evolução pode ocorrer de maneira saltatória, por meio de grandes mudanças de uma vez.

-Problema da complexidade dos organismos: Alguns críticos argumentam que algumas características dos organismos são muito complexas e sofisticadas para terem evoluído gradualmente por meio da seleção natural. Eles argumentam que algumas características devem ter surgido de uma vez, ou seja, por meio de intervenção divina.

-Problema da falta de evidência: Alguns críticos argumentam que a falta de evidência fóssil para as transições evolutivas sugere que a teoria de Darwin é incorreta. No entanto, a maioria dos cientistas argumenta que a falta de evidência fóssil é devido as limitações na capacidade de preservar fósseis e não é um argumento contra a teoria da evolução.

Apesar desses desafios, a teoria de evolução por seleção natural de Darwin continua sendo a base para a compreensão da evolução biológica e é amplamente aceita pela comunidade científica. Novos desenvolvimentos e descobertas científicas estão sempre sendo incorporados na teoria evolutiva, ajudando a esclarecer algumas das questões pendentes.

Estamos sozinhos no universo?

Meus queridos leitores, há uma pergunta que tem sido debatida há muito tempo na comunidade científica, uma pergunta que tem capturado a imaginação da humanidade há séculos: Estamos sozinhos no universo?

A busca por respostas a essa pergunta tem sido um grande objetivo da ciência moderna e os avanços tecnológicos recentes têm permitido aos cientistas investigar mais profundamente o universo a procura de evidências de vida extraterrestre. A ciência tem feito progressos significativos na detecção de planetas fora do nosso Sistema Solar, na procura de evidências de água e de condições favoráveis à vida em outros planetas.

Os cientistas também estão usando ferramentas avançadas para analisar a luz que vem de outras estrelas, procurando por sinais de compostos químicos que possam ser indicativos de vida. Além disso, estamos enviando sondas e naves espaciais para explorar nossos vizinhos do Sistema Solar, como Marte, e estamos enviando sondas para as regiões mais distantes do universo para aprender mais sobre sua história e sua evolução.

Os cientistas que estão na linha de frente para responder a uma das mais importantes perguntas da história, estão trabalhando arduamente procurando por evidências de água líquida e outros recursos essenciais para a vida tal como oxigênio e metano. Eles estão realizando uma vistoria minuciosa em cada canto do universo, à procura de assinaturas biológicas, como a presença de gases produzidos pela atividade biológica em atmosferas de outros planetas e satélites naturais ou evidências de micro-organismos ou outras formas de vida simples, como algas, em amostras de rochas ou poeira coletadas de outros planetas ou corpos celestes.

Mas não é só isso, os cientistas estão vasculhando os céus à procura de evidências de civilizações avançadas, como a emissão de sinais de rádio. Esses sinais podem viajar longas distâncias através do espaço, permitindo que sejam detectados por outras civilizações. Além disso, as frequências de rádio são amplamente utilizadas na comunicação e tecnologia aqui na Terra, tornando-as uma opção apropriada para a comunicação interplanetária.

No entanto, é importante lembrar que a comunicação com uma civilização alienígena é incerta e pode ser muito diferente do que conhecemos. Portanto, os cientistas estão estudando uma ampla gama de sinais e de possibilidades, incluindo sinais gravitacionais, luz visível e sinais químicos.

Apesar de todos esses esforços, até agora, a única evidência de vida encontrada é na Terra, mas a busca continua. A NASA e outras agências espaciais têm enviado sondas para Marte e para outros planetas e satélites do Sistema Solar para procurar evidências de vida passada ou presente. Além disso, os telescópios estão sendo usados para procurar por planetas semelhantes à Terra em sistemas estelares próximos.

A possibilidade de vida fora da Terra ainda é incerta, mas a descoberta de vida em outro lugar no universo poderia ter implicações significativas para a compreensão da vida e do universo como um todo. Muitos cientistas estão trabalhando agora mesmo na linha de frente para responder a essa tão importante pergunta, e enquanto não temos uma resposta definitiva, a jornada é tão emocionante quanto a descoberta final.

Comunicação interplanetária

A radioastronomia é uma área de estudo importante na busca por vida extraterrestre, como mencionado anteriormente, permite aos cientistas procurar por sinais de vida em outros planetas ou satélites. Isso é feito por meio da busca por sinais de rádio, que são ondas eletromagnéticas de baixa frequência, que poderiam ser emitidas por civilizações avançadas, se existirem.

Existem vários programas de busca de sinais de rádio, como o SETI (*Search for Extraterrestrial Intelligence*), que usa radiotelescópios para procurar por sinais de rádio emitidos por civilizações extraterrestres. Os cientistas usam algoritmos para analisar os dados coletados pelos radiotelescópios procurando por sinais que possam ser produzidos por tecnologia avançada, como sinais de rádio modulados.

Além disso, a radioastronomia também é usada para estudar as características de outros planetas e satélites, incluindo a busca por evidências de água líquida e outros recursos essenciais para a vida. A radioastronomia é uma ferramenta valiosa para a busca de vida extraterrestre, pois permite aos cientistas procurar por sinais de vida em outros planetas ou satélites de maneira. Além disso, a radioastronomia também é usada para estudar as características de outros planetas e satélites, incluindo a busca por evidências de água líquida e outros recursos essenciais para a vida. A radioastronomia é uma ferramenta valiosa para a busca de vida extraterrestre, pois permite aos cientistas procurar por sinais de vida em outros planetas ou satélites de maneira não invasiva.

A radioastronomia também é usada para estudar a estrutura e evolução das galáxias, incluindo a distribuição de gás e de poeira interestelar e para investigar as fontes de radiação de ondas longas e de rádio. Estas informações nos permitem compreender a natureza do universo em escala cosmológica, bem como sua evolução ao longo do tempo. Enfim, a radioastronomia é uma ferramenta valiosa para a ciência e suas contribuições para a compreensão da natureza do universo são inestimáveis.

Vida inteligente pelo universo

Como podemos definir o que é uma civilização extraterrestre inteligente? Bem, existem algumas características que são consideradas como sinais de inteligência. Primeiro, eles devem ser capazes de produzir tecnologias avançadas, como máquinas e veículos para voar pelo espaço. Além disso, eles precisam ser capazes de comunicar-se com outras civilizações, por meio de sinais eletromagnéticos ou outros meios. E, claro, eles precisam ter a inteligência para resolver problemas complexos e desenvolver tecnologias avançadas.

Na Terra existe um esforço gigantesco por parte de um grupo de cientistas para detectar este tipo de civilização pelo universo. Esta iniciativa é denominada "SETI" que é a sigla para *Search for Extraterrestrial Intelligence* (Busca por Inteligência Extraterrestre). O SETI, é uma empreitada científica ambiciosa e vital para nossa compreensão do universo. É uma busca pela resposta à pergunta mais antiga e fundamental que já fizemos como seres humanos: Estamos sozinhos no universo? O SETI tem como objetivo encontrar evidências de inteligência extraterrestre através da busca de sinais radiofônicos ou outras formas de comunicação.

É uma jornada para descobrir se existem outros seres inteligentes no universo e, se houver, compreender a natureza de sua civilização e sua tecnologia. A importância da busca SETI é imensurável para a ciência e para a humanidade como um todo. Ele amplia nossos horizontes, questiona nossa compreensão do universo e nos desafia a pensar sobre nossa própria existência. A descoberta de inteligência extraterrestre teria implicações profundas e revolucionárias para a ciência, para a filosofia e para a cultura, sendo ainda um dos mais importantes eventos na história da humanidade.

Os programas SETI são realizados por várias instituições científicas e universidades, como o SETI Institute e o SETI League, e usam radiotelescópios para escutar as ondas de rádio emitidas pelo universo em busca de sinais que possam ser produzidos por tecnologia avançada.

Outra técnica utilizada no SETI é o uso de telescópios para procurar por sinais ópticos, como lasers, emitidos por civilizações extraterrestres. Ainda, o uso de telescópios para procurar exoplanetas similares à Terra e avaliar sua habitabilidade é uma forma de se encontrar indícios de vida. Embora a busca SETI ainda não tenha encontrado evidências conclusivas de vida extraterrestre, muitos cientistas acreditam que é uma questão de tempo até que algum sinal seja encontrado.

Figura VI.1: Conjunto de antenas do radiotelescópico Allen, usado pelo SETI. Créditos:Seth Shostak/SETI Institute

Quantas civilizações existem no universo

O astrobiólogo Frank Drake em 1961 desenvolveu uma equação que pode ser usada para estimar o número de civilizações avançadas com as quais podemos entrar em contato no universo. Essa equação se baseia em uma série de variáveis, incluindo a taxa de formação de estrelas, a probabilidade de uma estrela ter planetas habitáveis, a probabilidade de uma forma de vida surgir em um planeta habitável e a probabilidade de uma forma de vida evoluir para uma civilização tecnologicamente avançada.

A equação Drake é uma tentativa de responder à pergunta: "Estamos sozinhos no universo?"e é uma das principais fontes de inspiração para a busca de vida extraterrestre. O objetivo da equação é fornecer uma base quantitativa para as discussões sobre a probabilidade de existir vida além da Terra, ajudando a estimar a quantidade de civilizações extraterrestres que podem existir e onde podemos procurá-las.

A equação Drake é uma forma de estimativa, não uma previsão exata, é baseada em suposições e hipóteses sobre a natureza da vida e da formação de sistemas planetários. No entanto, mesmo com suas limitações, a equação Drake é uma ferramenta valiosa para a comunidade científica e para aqueles interessados na busca por vida extraterrestre. Ela inspira a continuação da busca pela vida fora da Terra e nos lembra da importância de continuarmos a explorar o universo. A equação é dada por:

$$N = R^* \times f_p \times n_e \times f_l \times f_i \times f_c \qquad \text{(VI.1)}$$

Onde **N** é o número de civilizações extraterrestres inteligentes na Via Láctea que podem ser detectadas, **R*** é a taxa de formação de estrelas na Via Láctea, **fp** é a fração de estrelas que possuem planetas, **ne** é o número médio de planetas habitáveis por estrelas, **fl** é a fração de planetas habitáveis que desenvolvem vida, **fi** é a fração de planetas com vida que desenvolvem inteligência, **fc** é a fração de civilizações inteligentes que desenvolvem meios de comunicação eletromagnéticos detectáveis.

A equação é intencionalmente vaga e inclui muitos parâmetros desconhecidos, mas serve como uma ferramenta para estimar o número de civilizações extraterrestres inteligentes que podem ser encontradas. Além disso, a equação de Drake é uma forma de organizar as incertezas e limitações do nosso conhecimento sobre a existência de vida extraterrestre e estimar a probabilidade de existência de civilizações avançadas. Embora a equação tenha sido criticada por alguns cientistas por sua vaguidade e incertezas, ainda é usada como uma ferramenta útil para guiar a busca por vida extraterrestre.

Tentativas de contato

Como exposto ao longo deste livro, desde sempre o ser humano tem se perguntado se estamos sozinhos no universo. E, ao longo dos anos, essa pergunta tem sido parcialmente respondida por meio da ciência. Atualmente, sabemos que há bilhões de planetas em nossa galáxia, alguns dos quais podem ser habitáveis e potencialmente abrigar formas de vida. Diante dessa possibilidade, cientistas têm se esforçado para enviar mensagens para o espaço com a esperança de encontrar vida extraterrestre. Usando radiotelescópios, nós temos enviado sinais para diferentes partes do universo, incluindo as informações sobre nossa biologia, tecnologia e cultura. Este é um esforço colaborativo de cientistas de todo o mundo, que acreditam que a descoberta de vida extraterrestre pode mudar para sempre a forma como vemos o universo e a nós mesmos. Embora ainda não tenhamos recebido uma resposta, os cientistas devem continuar a enviar mensagens à espera que, um dia, elas sejam recebidas. Esta é uma jornada incansável e cheia de incertezas, mas é uma jornada que vale a pena ser feita. Afinal, quem sabe o que podemos descobrir sobre nós mesmos e o universo ao longo do caminho. A busca por vida extraterrestre é uma das mais fascinantes e desafiadoras questões da ciência e é uma jornada que deve ser continuada. Nós, como seres humanos, precisamos responder às grandes perguntas da existência e a busca por vida extraterrestre é uma dessas perguntas. Acredito que a descoberta de vida extraterrestre mudaria para sempre a forma como vemos o universo e a nós mesmos. Ela pode nos ajudar a entender a nossa origem e o nosso lugar no universo. Além disso, pode nos inspirar a buscar formas de preservar a vida e a proteger o nosso planeta. Por meio da tecnologia avançada dos radiotelescópios, estamos enviando mensagens para o espaço, tentando estabelecer uma comunicação com outras civilizações. É uma jornada incansável que, como cientistas e como seres humanos, devemos continuar a perseguir. Nas tentativas de comunicação com outras civilizações devo destacar a "Mensagem de Arecibo" que foi transmitida em 1974 para a estrela mais próxima, Alfa Centauri, usando o Radiotelescópio de Arecibo, localizado em Porto Rico. A mensagem incluía informações sobre a humanidade e o nosso Sistema Solar. Esta mensagem é ilustrada na figura VI.2 deste livro e tem as seguintes informações, da direita para a esquerda:

(1) A sequência de pontinhos brancos são números de 1 a 10, em código binário. (2) Logo abaixo, em cor de rosa, estão os elementos

Figura VI.2: À esquerda a mensagem de Arecibo, um sinal de rádio enviado ao espaço com o objetivo de transmitir a uma possível civilização extraterrestre, informações sobre o planeta Terra e a civilização humana. À direita o Observatório de Arecibo, local de onde foi enviada a mensagem. Créditos: National Astronomy and Ionosphere Center (NAIC)

químicos que compõem a molécula de DNA. Na verdade, são os números atômicos do hidrogênio (1), carbono (6), nitrogênio (7), oxigênio (8) e fósforo (15), também em código binário. (3) Logo abaixo, em verde, estão representados os nucleotídeos, as moléculas básicas que formam a estrutura maior da molécula de DNA. Estão representados a desoxirribose, a adenina, a timina, a citosina, a guanina e o fosfato. (4) Logo abaixo, temos duas linhas azuis torcidas em torno de uma haste branca vertical. As linhas representam a famosa dupla hélice da estrutura da molécula de DNA e a haste, o número de nucleotídeos "usados" para formá-la. Na mensagem de 1974 foi codificado o número 4,3 bilhões, que era a quantidade estimada de nucleotídeos na época. Hoje sabemos que esse número é de 3,2 bilhões. (5) As hélices do DNA apontam para a cabeça de uma silhueta humana e à esquerda está o valor da altura média de um homem adulto (1,764 metros em valores da época). Já à direita está o valor da população mundial em 1974: 4,3 bilhões de pessoas. (6) Logo abaixo, em amarelo, está representado o nosso Sistema Solar, com o terceiro planeta, a Terra, em destaque. Naquela época, Plutão ainda era planeta. (7) Finalmente, a última parte da imagem mostra o rádio telescópio de Arecibo, que transmitiu a mensagem. Ele está apontado para baixo e a letra "M"na verdade mostra o caminho da radiação que chega paralela do espaço, reflete na curvatura do prato do telescópio e converge para o ponto focal.

Essas mensagens como a enviada do radiotelescópio de Arecibo, são verdadeiras cartas de amor e saudação enviadas por uma raça curiosa e cheia de esperança. Nelas, compartilhamos nossa história, nossa cultura, nossos valores e nossa visão do universo. Também são um convite a conhecerem a Terra e a nossa espécie, e esperamos que, um dia, graças ao brilhante trabalho de gerações de cientistas na Terra, possamos encontrar e estabelecer comunicação com outras civilizações e trocar conhecimento e amizade.

Embora sejamos uma raça jovem no grande espectro da existência, acreditamos firmemente que a curiosidade e a busca pelo conhecimento são forças universais que unem todas as formas de vida. Por meio dessas mensagens, queremos transmitir nossa mensagem de paz e de respeito pelos seres e pela natureza de todas as partes do universo.

E assim, deixamos esta mensagem flutuando pelo vazio cósmico, levando consigo a esperança e o sonho de uma comunidade galáctica unida. Que ela encontre vocês em boa hora e que possamos, um dia, nos encontrar e compartilhar a beleza e a maravilha do universo juntos.

Habitabilidade no Sistema Solar

O estudo de habitabilidade é facilitado pelos avanços das ciências planetárias e pela resultados de muitas missões espaciais, principalmente aquelas em Marte.

A habitabilidade é a capacidade de um planeta ou satélite suportar vida tal como conhecemos. No Sistema Solar, a Terra é considerada o único planeta com evidências conclusivas de vida atual. No entanto, alguns outros corpos celestes no Sistema Solar também são considerados potencialmente habitáveis devido às condições favoráveis para a vida, como a existência de água líquida.

- Marte: é considerado um dos melhores candidatos para a busca de vida extraterrestre no Sistema Solar, devido à evidência de água líquida no passado e à presença de rios, lagos e de oceanos antigos. Também existem evidências de atividade vulcânica antiga e de condições climáticas semelhantes às da Terra no passado.

- Europa, satélite de Júpiter: é considerado um dos melhores candidatos para a busca de vida no Sistema Solar, devido à evidência de um oceano subglacial debaixo de sua crosta de gelo. Existe evidência

de geysers no polo sul de Europa que podem indicar a existência de
água líquida e a possibilidade de vida.

- Enceladus, satélite de Saturno: tem evidência de geysers no polo
sul que jorram água e vapor para o espaço, o que sugere a existência
de um oceano subglacial debaixo de sua crosta de gelo.

- Titã, satélite de Saturno: tem evidência de rios e lagos de metano
e etano na superfície, além de atmosfera densa e complexa. A existência de metano e etano líquidos na superfície sugere que há processos químicos complexos acontecendo na atmosfera e no subsolo
de Titã, e alguns cientistas acreditam que esses processos podem ser
similares aos que ocorreram na Terra antes da origem da vida. No
entanto, a temperatura extremamente baixa e a falta de água líquida
são desafios para a vida como a conhecemos.

Sistemas planetários habitáveis pelo universo

Um planeta ou satélite habitável é um ambiente que possui condições favoráveis para a sustentação da vida, seja através de sua origem
local ou por meio da transportação de vida de outro lugar. O objetivo dos cientistas é entender as condições mínimas para que um
ambiente seja habitável.

Os sistemas planetários habitáveis são aqueles que possuem planetas
com condições adequadas para a existência de água líquida na superfície e potencialmente suportar vida. Esses sistemas podem incluir
planetas na zona habitável de sua estrela, onde a temperatura é ade-

quada para a existência de água líquida.

Os cientistas estão buscando sistemas planetários habitáveis usando telescópios para encontrar e caracterizar exoplanetas potencialmente habitáveis. Alguns dos principais indicadores incluem:

-Massa: os planetas com massas similares à Terra são considerados os melhores candidatos para a busca de vida, pois são mais propensos a ter uma estrutura interna semelhante e podem suportar o mesmo tipo de atmosfera.

-Distância da estrela: os planetas que estão na zona habitável de sua estrela, onde a temperatura é adequada para a existência de água líquida, são considerados os melhores candidatos para a busca de vida.

-Composição atmosférica: a detecção de gases como metano, oxigênio e vapor d'água na atmosfera de um exoplaneta pode ser um indicador de atividade biológica.

Além disso, a existência de satélites como Lua, com evidência de água líquida, também é considerado um indicador de habitabilidade. A descoberta de sistemas planetários habitáveis é um passo importante na busca por vida extraterrestre, pois esses planetas são considerados os melhores candidatos a busca de vida fora do Sistema Solar.

Extremófilos

Cientistas trabalhando na linha de frente para entender a vida dentro e fora de Terra, descobriram uma classe de seres muito peculiares, que a denominaram de Extremófilos, os quais são organismos que conseguem sobreviver e se reproduzir em condições ambientais extremas, como altas ou baixas temperaturas, pressões extremas, falta de água, radiação, altas concentrações de sal, entre outros. Esses organismos são capazes de se adaptar a essas condições adversas e usam mecanismos especiais para suportar esses ambientes. Existem vários tipos de extremófilos, incluindo:

-Termófilos: que sobrevivem em altas temperaturas, como nas fontes termais.

-Psicrotolerantes: que sobrevivem em baixas temperaturas, como na Antártida.

-Halófilos: que sobrevivem em altas concentrações de sal, como em lagos salgados.

-Radiófilos: que sobrevivem a altas doses de radiação, como em áreas próximas a fontes naturais de radiação.

-Metanófilos: que sobrevivem em ambientes ricos em metano.

Os extremófilos são importantes para a pesquisa científica, pois nos ajudam a entender como a vida pode se adaptar e sobreviver em condições ambientais adversas. Além disso, esses organismos podem desempenhar um papel importante na busca por vida em outros planetas ou luas, pois podem ser capazes de sobreviver em ambientes similares aos encontrados em outros corpos celestes.

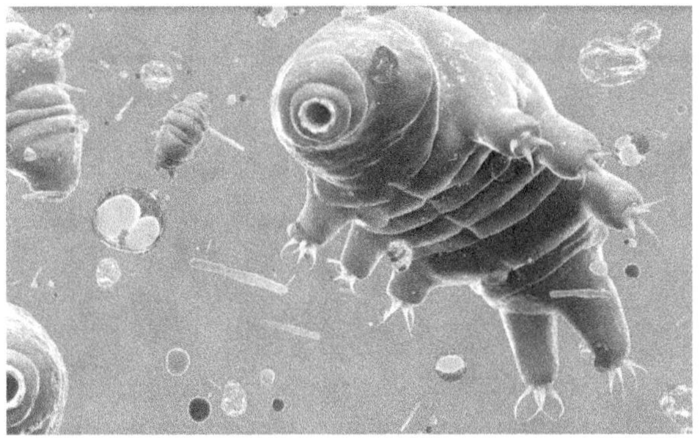

Figura VI.3: Os tardígrados, popularmente conhecidos como ursos d'água, são animais microscópicos que se adaptam a praticamente qualquer ambiente. Créditos:*National Geographic*

Capítulo VII

Na linha de frente nas horas difíceis

É melhor acender uma vela do que amaldiçoar a escuridão.

Carl Sagan

Os cientistas desempenham um papel importante na sociedade, especialmente durante tempos difíceis. Eles usam sua habilidade para coletar e analisar dados para ajudar a entender e a lidar com desafios como doenças, mudanças climáticas e desastres naturais. Além disso, eles trabalham para desenvolver tecnologias e tratamentos que podem melhorar a vida das pessoas. Durante a pandemia de COVID-19, os cientistas foram fundamentais para entender a doença e desenvolver vacinas eficazes.

Os cientistas são fundamentais na luta contra as doenças. Eles realizam pesquisas para entender como as doenças funcionam, desenvolverem novos tratamentos e vacinas, aprimoraram as técnicas de prevenção e de diagnóstico. Alguns exemplos de cientistas na linha de frente no combate às doenças incluem epidemiologistas, imunologistas, virologistas e pesquisadores de doenças infecciosas. Eles trabalham em conjunto com médicos, enfermeiros e outros profissionais da saúde para combater as doenças e salvar vidas.

A ciência como uma luz na escuridão

Em tempos sombrios é fácil sentir-se desanimado e perdido. No entanto, a ciência é uma luz brilhante na escuridão, iluminando o caminho para a compreensão e para a verdade. É uma fonte inesgotável de conhecimento, permitindo-nos descobrir os segredos do universo e de nós mesmos.

A ciência é mais do que apenas uma coleção de fatos e teorias. É

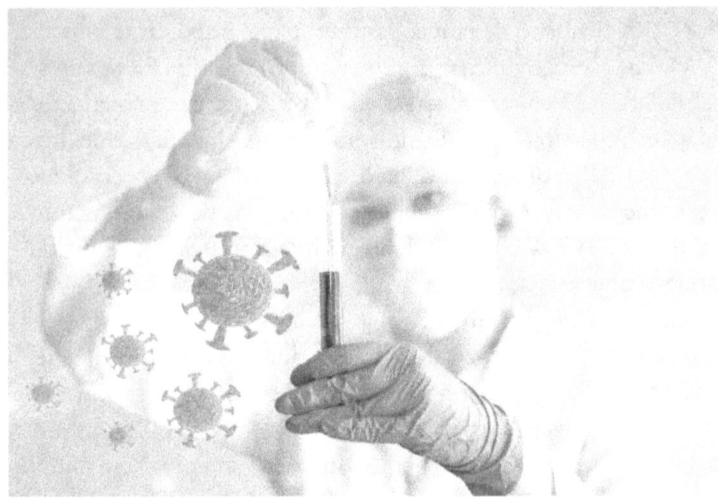

Figura VII.1: Durante o período mais crítico da pandemia do Covid-19, muitos cientistas ao redor do mundo trabalharam 24h por dia para realizar a caracterização do vírus *SARS- CoV-2* e, posteriormente, desenvolver em tempo recorde vacinas eficientes para combater o Coronavírus. Fonte da imagem: *European Pharmaceutical Review.*

uma forma de ver o mundo, uma maneira de buscar respostas e solucionar problemas. É uma jornada em busca da verdade, sempre em constante evolução e sempre aberta a novas descobertas. Não há dúvida de que a ciência pode ser assustadora e desafiadora, mas é justamente isso que a torna tão fascinante. Quando enfrentamos a incerteza e a complexidade temos a oportunidade de aprender e crescer, expandindo nossa compreensão e nossa capacidade de transformar o mundo.

A ciência também é uma força poderosa para o bem. Por meio de suas descobertas, podemos curar doenças, proteger o meio ambiente e ajudar as pessoas a levar vidas mais plenas e significativas. É uma luz que brilha no escuro, levando-nos a um futuro mais brilhante. Em tempos difíceis, é fácil perder a fé na humanidade e na nossa capacidade de mudar o mundo. No entanto, a ciência nos lembra que, juntos, podemos enfrentar e superar qualquer desafio. É uma luz na escuridão, guiando-nos a um futuro mais brilhante e cheio de esperança.

Carl Sagan defendeu mais do que ninguém ao longo de sua vida o uso da ciência e isso ficou muito explícito no seu livro "O mundo assombrado pelos demônios" no qual mostrou a importância da ciência como ferramenta para compreender e explicar o mundo natural. Ele argumenta que ao longo da história as pessoas foram assombradas por demônios imaginários e fenômenos naturais que não entendiam, mas que a ciência oferece uma luz na escuridão que ajuda a dissipar esses medos.

Sagan também quer transmitir a mensagem de que a ciência é uma abordagem mais eficaz e confiável para explicar o mundo do que as crenças e as superstições. Ele defende a importância de basear nossas opiniões e decisões em evidências sólidas e argumentos lógicos, em vez de acreditar em mitos e lendas.

Além disso, o livro também fala sobre o perigo da pseudociência e do pensamento mágico e como eles podem prejudicar a sociedade se são aceitos como verdadeiros.

Na linha de frente no combate às doenças

A ciência é fundamental no combate às doenças, pois permite entender como elas funcionam, desenvolver tratamentos eficazes e encontrar maneiras de prevenir sua propagação. A pesquisa científica é responsável por avanços significativos na medicina, como a descoberta de antibióticos e de vacinas, além de ter possibilitado o desenvolvimento de terapias mais precisas e personalizadas.

A ciência é crucial para o controle e para a prevenção de epidemias e de pandemias, como podemos ver na vigilância epidemiológica, análise de dados e na modelagem matemática, utilizadas para combater doenças. A falta de recursos e de conhecimento científico foi fatal em epidemias como a Peste Negra e a Gripe Espanhola, que tiraram a vida de milhões de pessoas, incapazes de enfrentar as doenças devido à falta de desenvolvimento científico e tecnológico adequado na época.

Durante a Peste Negra, a ciência ainda não tinha a capacidade de compreender a natureza da doença e não havia tratamentos disponíveis. Muitas das respostas à Peste Negra foram baseadas em superstições e crenças erradas e não foram eficazes na prevenção ou no controle da propagação da doença.

Da mesma forma, na época da Gripe Espanhola, a ciência da época não tinha a capacidade de compreender a natureza da doença e não havia uma cura disponível. A falta de compreensão da ciência sobre a natureza dessas doenças foi a principal razão para o alto número de mortes.

Esse é um triste lembrete da importância da ciência e da pesquisa para compreender e controlar as doenças. A ciência é nossa arma mais poderosa na luta contra as pandemias, e é fundamental que continuemos a investir em pesquisa e desenvolvimento para garantir que estejamos preparados para enfrentar futuras ameaças à saúde global.

Lembre-se: a ciência é a chave para uma vida saudável e segura para todos. Vamos continuar a apoiar e investir na ciência para que nunca mais precisemos enfrentar pandemias tão mortais quanto a Peste Negra e a Gripe Espanhola.

Lutando contra epidemias e pandemias

Algumas décadas atrás, surgiu uma doença que causou a morte de milhares de pessoas ao redor do mundo. Esta doença era o HIV/AIDS, uma epidemia global que tem afetado a vida de milhões de pessoas em todo o mundo. Desde o início da epidemia, a ciência tem sido uma das nossas maiores aliadas na luta contra a doença.

Os cientistas trabalharam arduamente para compreender a natureza do vírus e para desenvolver tratamentos eficazes para controlar a doença. Graças a seus esforços, hoje temos tratamentos que podem prolongar significativamente a vida das pessoas infectadas com o HIV e reduzir significativamente o risco de transmissão.

Mas a luta contra o HIV/AIDS não termina aqui. A ciência ainda tem muito trabalho a fazer, incluindo a descoberta de uma cura definitiva e o desenvolvimento de medidas de prevenção mais eficazes. A ciência é a chave para o progresso e para a solução de problemas complexos e é fundamental que continuemos a apoiar e investir em pesquisa e desenvolvimento para garantir um futuro mais saudável e seguro para todos.

Mais recentemente, milhares de cientistas tem desempenhado um papel vital no combate à COVID-19, a pandemia de coronavírus que começou em 2019. Os cientistas trabalharam as 24h do dia para fazer frente a essa pandemia e foi assim que eles foram responsáveis por identificar e caracterizar o vírus em tempo recorde, desenvolver testes para detectá-lo, e estudar sua transmissão e patogênese. Os cientistas também tem sido cruciais na busca por tratamentos eficazes e vacinas para prevenir a infecção, esses esforços foram realizados em todo o mundo, com cientistas de diferentes disciplinas trabalhando juntos para compreender e combater o vírus.

A ciência tem fornecido informações valiosas para as autoridades de saúde pública, ajudando a guiar as decisões sobre como controlar a pandemia e como proteger a saúde da população. A modelagem matemática e a análise de dados foram usadas para entender a dinâmica da transmissão do vírus e avaliar a eficácia das medidas de controle. A ciência também tem sido crucial para o desenvolvimento e distribuição de vacinas, permitindo que as pessoas sejam vacinadas em massa e impedindo a propagação do vírus.

Neste mesmo sentido, a Física também tem desempenhado um papel importante no combate à COVID-19. Alguns exemplos de como a Física tem sido aplicada na luta contra a pandemia incluem:

-Tecnologias de diagnóstico: A Física tem sido usada para desenvolver testes rápidos e precisos para detectar a COVID-19. Por exemplo, os testes de PCR (reação em cadeia da polimerase) usam princípios de física química para detectar a presença do vírus no material genético.

-Tecnologias de tratamento: A Física tem sido usada para desenvolver terapias de ozônio, que usam princípios de física química para matar o vírus. Além disso, a Física também tem sido usada para desenvolver ventiladores mecânicos, que ajudam a manter os pacientes respirando.

-Tecnologias de prevenção: A Física tem sido usada para desenvolver tecnologias que ajudam a prevenir a transmissão do vírus. Por exemplo, os filtros de ar HEPA (filtros de alta eficiência) usam princípios de física para remover partículas microscópicas do ar, incluindo o vírus da COVID-19.

-Tecnologias de monitoramento: A Física tem sido usada para desenvolver tecnologias de monitoramento que ajudam a rastrear a propagação do vírus. Por exemplo, a tecnologia de localização de radiofrequência (RFID) usa princípios de física para rastrear a localização de pessoas e objetos em tempo real.

-Modelagem matemática: A Física também tem sido usada para desenvolver modelos matemáticos que ajudam a prever e entender a propagação da pandemia, esses modelos usam princípios de física para simular a dinâmica da propagação do vírus e avaliar a eficácia das medidas de controle.

Vacinas

As vacinas são uma das formas mais eficazes de prevenir doenças e salvar vidas. A história das vacinas remonta ao século XVIII, quando o médico inglês Edward Jenner desenvolveu a primeira vacina contra a varíola. Ele observou que as pessoas que tinham contato com a vacinação contra uma doença similar, a varíola bovina, eram menos propensas a contrair a varíola humana. A partir desse trabalho inicial, outros cientistas começaram a desenvolver vacinas contra outras doenças. No século XIX, foram desenvolvidas vacinas contra cólera, tifo e febre amarela.

No século XX, as vacinas se tornaram ainda mais eficazes com o desenvolvimento de novas técnicas, como a produção de vacinas inativadas e vacinas vivas atenuadas. A vacinação em massa se tornou comum e contribuiu para a eliminação de doenças como a varíola e o sarampo em muitos países. Hoje, as vacinas são desenvolvidas contra uma ampla variedade de doenças e são consideradas uma das principais estratégias de saúde pública.

As vacinas contra a COVID-19 são uma das principais estratégias para combater a pandemia. Elas funcionam estimulando o sistema imunológico a produzir anticorpos contra o vírus SARS-CoV-2, que causa a COVID-19. Isso ajuda a proteger as pessoas contra a infecção ou a reduzir a gravidade dos sintomas se elas forem infectadas.

Existem várias vacinas COVID-19 disponíveis no mundo, as vacinas são desenvolvidas por diferentes empresas e instituições e utilizam diferentes tecnologias, mas elas têm em comum o fato de estimularem a produção de anticorpos. As vacinas mais utilizadas no mundo são: Pfizer-BioNTech, Moderna, AstraZeneca, Janssen (Johnson & Johnson), Sinovac, Sinopharm, Bharat Biotech, Sputnik V e CanSino Biologics.

Essas vacinas foram desenvolvidas e testadas em um curto espaço de tempo graças ao grande esforço global de pesquisa e de desenvolvimento, e muitas delas já foram aprovadas para uso emergencial ou uso autorizado por agências regulatórias em vários países. As vacinas são seguras e eficazes e a vacinação em massa é considerada a principal estratégia para encerrar a pandemia.

A lição que devemos aprender

Todos esses acontecimentos recentes são uma lição sobre a importância da ciência na luta contra as doenças. A rapidez com que os cientistas responderam ao desafio da COVID- 19, desenvolvendo tratamentos, vacinas e medidas de prevenção, foi crucial para controlar a propagação da doença e evitar ainda mais mortes.

Mas esse é apenas um exemplo do poder da ciência em ação. A ciência tem sido uma aliada vital na luta contra as doenças por séculos. Infelizmente, muitas vezes a ciência é subfinanciada e subvalorizada. É hora de mudarmos isso. Devemos investir em pesquisa e desenvolvimento e fornecer aos cientistas os recursos de que precisam para continuar a fazer avanços cruciais na luta contra as doenças.

A ciência é a chave para o progresso e para a solução de problemas complexos e é fundamental que continuemos a apoiar e a investir em pesquisa básica e em desenvolvimento tecnológico para garantir um futuro mais saudável e seguro para todos. Vamos juntos apoiar a ciência e os cientistas que trabalham incansavelmente para controlar as doenças e garantir um futuro melhor para todos.

Capítulo VIII

Na linha de frente na construção do futuro da humanidade

A ciência oferece a chave para um futuro melhor, mas depende de nós decidir se usaremos essa chave para abrir a porta ou trancá-la.

Carl Sagan

Os cientistas desempenham um papel crucial no desenvolvimento de tecnologias e descobertas que beneficiam a humanidade de várias maneiras. Por meio de pesquisa de ciência básica e aplicada, os cientistas contribuíram para melhorar a qualidade de vida das pessoas e para resolver problemas globais.

Quanto ao futuro, espera-se que os cientistas continuem trabalhando em áreas como inteligência artificial, biotecnologia, energia renovável, medicina personalizada, exploração espacial, entre outras. Essas pesquisas podem ter um grande impacto na humanidade, seja melhorando a saúde, aumentando a eficiência energética, resolvendo problemas ambientais e ajudando as pessoas a viverem mais.

No entanto, também é importante considerar os desafios éticos e sociais que surgem com o avanço da tecnologia. Os cientistas devem trabalhar com responsabilidade para garantir que as tecnologias desenvolvidas como subproduto da ciência sejam usadas de forma responsável e benéfica para a humanidade.

Os cientistas serão cruciais para o avanço da humanidade, mas também é importante considerar os desafios éticos e sociais que surgem com o avanço da tecnologia. A garantia de financiamento aos pesquisadores e a colaboração interdisciplinar é necessária para garantir que as tecnologias desenvolvidas sejam benéficas para a humanidade.

Sonhos de um futuro melhor

É difícil prever com precisão quais serão as maiores conquistas da
ciência no futuro, pois depende de muitos fatores e o avanço da ciência é imprevisível. No entanto, existem algumas áreas em que se
espera um progresso significativo no futuro:
-Inteligência artificial: espera-se que a inteligência artificial continue a melhorar em termos de aprendizado de máquina e recursos
de processamento de linguagem natural, o que pode ter um impacto
significativo na automação de tarefas, melhorando a eficiência na indústria e na saúde.
-Biotecnologia: Espera-se que a biotecnologia continue avançando
em áreas como engenharia genética, terapia gênica e medicina regenerativa, o que pode levar à cura de doenças genéticas, uma melhor
compreensão dos mecanismos biológicos e uma melhor qualidade
de vida.
-Energia Renovável: Com o crescente interesse em reduzir a dependência de combustíveis fósseis e mitigar as mudanças climáticas, espera-
se que a ciência da energia renovável continue avançando, potencialmente levando a maior eficiência na produção de energia e maior
adoção de fontes de energia limpa.
- Exploração Espacial: Com o aumento da cooperação internacional
e o desenvolvimento de novas tecnologias, espera-se que a exploração espacial continue avançando, potencialmente levando a novas
descobertas científicas e a uma maior compreensão do universo.

-Medicina personalizada: Com o avanço da genética e da tecnologia, espera-se que a medicina personalizada continue avançando, o que pode levar a tratamentos mais eficazes e personalizados para doenças crônicas e cânceres.

É importante notar que esses são apenas alguns exemplos e que a ciência está em constante evolução. E provável que surjam novas áreas de investigação e descobertas no futuro.

Terapias personalizadas

Existe uma área da ciência em crescimento exponencial chamada nanotecnologia e refere- se ao estudo e manipulação de materiais em nível molecular e nanométrico. Diversos cientistas estão realizando pesquisas sobre como usar a nanotecnologia para desenvolver terapias personalizadas, ou seja, tratamentos pensados especificamente para cada paciente.

Isso é feito por meio da fabricação de nanopartículas com características específicas para cada caso, como a capacidade de atingir determinadas células do corpo ou a liberação controlada de medicamentos. Embora ainda em estágios iniciais de desenvolvimento, a nanotecnologia tem o potencial de revolucionar o campo da medicina personalizada.

Por exemplo, o desenvolvimento de terapias personalizadas para tratamento do câncer é uma das principais aplicações da nanotecnologia. Na oncologia é o uso de nanopartículas para melhorar a eficácia e reduzir os efeitos colaterais da quimioterapia.

As nanopartículas podem ser projetadas para atingir especificamente as células cancerígenas, permitindo maior concentração de drogas no local da doença e menor exposição ao tecido saudável. Além disso, as nanopartículas podem ser usadas para liberar fármacos de forma controlada, permitindo que o tempo de permanência do fármaco no organismo seja prolongado e a dose necessária seja reduzida.

Outra aplicação das nanopartículas é a terapia fotodinâmica, na qual as nanopartículas são usadas para fornecer compostos quimiossensibilizantes às células cancerígenas. Esses compostos são ativados pela luz de um comprimento de onda específico, causando a morte das células cancerígenas.

Embora ainda em estágios iniciais de desenvolvimento, a nanotecnologia tem o potencial de melhorar significativamente o tratamento do câncer por meio de terapias personalizadas. No entanto, é importante continuar a pesquisa para entender completamente os riscos e benefícios dessa tecnologia antes de sua aplicação em humanos.

A entrega de medicamentos para o tratamento do câncer é um grande desafio devido à natureza heterogênea do tumor e à variabilidade na resposta aos tratamentos. A nanotecnologia oferece uma variedade de ferramentas para melhorar a entrega de drogas às células cancerígenas.

Outra estratégia é o uso de nanopartículas como vetores para terapia gênica, que envolve a entrega de genes terapêuticos a células cancerígenas para induzir a morte celular ou a imunidade contra o tumor.

A liberação controlada de fármacos, usando nanopartículas, também é uma estratégia promissora. Essa abordagem permite prolongar o tempo que o medicamento permanece ativo no organismo e reduzir a dose necessária.

Embora essas estratégias sejam promissoras, é importante continuar a pesquisa para entender completamente os riscos e os benefícios dessa tecnologia antes de sua aplicação em humanos.

A medicina personalizada é uma abordagem de saúde que usa informações genéticas, moleculares e clínicas para fornecer tratamento e prevenção específicos para cada paciente. Baseia-se na ideia de que cada pessoa é única e que seu tratamento deve ser personalizado de acordo com sua genética, histórico médico e estilo de vida.

A medicina personalizada divide-se em duas categorias: medicina preditiva e medicina de precisão. A medicina preditiva busca prevenir doenças em pessoas com alto risco genético, por meio da detecção precoce e do monitoramento dos sintomas. A medicina de precisão busca desenvolver tratamentos específicos para pacientes, com base em sua genética, biologia molecular e histórico médico.

A medicina personalizada está sendo cada vez mais usada no tratamento do câncer, no qual estão sendo desenvolvidas terapias baseadas em achados genéticos específicos do tumor. Também está sendo usada no tratamento de outras doenças genéticas raras, doenças cardíacas e doenças inflamatórias crônicas.

No entanto, embora a medicina personalizada tenha o potencial de melhorar os cuidados médicos e de aumentar a eficácia dos tratamentos, ainda está em um estágio inicial de desenvolvimento e mais pesquisas são necessárias para entender completamente seus benefícios e riscos. Além disso, a medicina personalizada também apresenta desafios éticos, como o acesso desigual à tecnologia e a privacidade dos dados médicos.

Patrulhando nosso corpo

Muitos cientistas estão na atualidade trabalhando no desenvolvimento de nanorobôs, que são dispositivos mecânicos ou eletrônicos de tamanho nanométrico (1 a 100 nanômetros) que podem ser programados para executar tarefas específicas no corpo humano. A ideia de usar nanorobôs na medicina se baseia na capacidade desses dispositivos de acessar locais do corpo de difícil acesso para tratamentos tradicionais.

Existem vários tipos de nanorobôs em desenvolvimento, cada um com um foco específico. Nanorobôs baseados em proteínas, por exemplo, podem ser projetados para atingir especificamente certas células do corpo e para realizar tarefas específicas, como reparar tecidos danificados ou destruir células cancerígenas. Nanorobôs baseados em moléculas orgânicas, como lipossomas, são usados como veto- res para entrega de drogas às células tumorais. Nanorobôs baseados em materiais inorgânicos, como metais ou polímero, podem ser usados para realizar tarefas mais complexas, como detectar tumores ou realizar cirurgias.

No entanto, a tecnologia de nanorobôs ainda está em estágios iniciais de desenvolvi- mento e há um grande desafio para seu projeto e

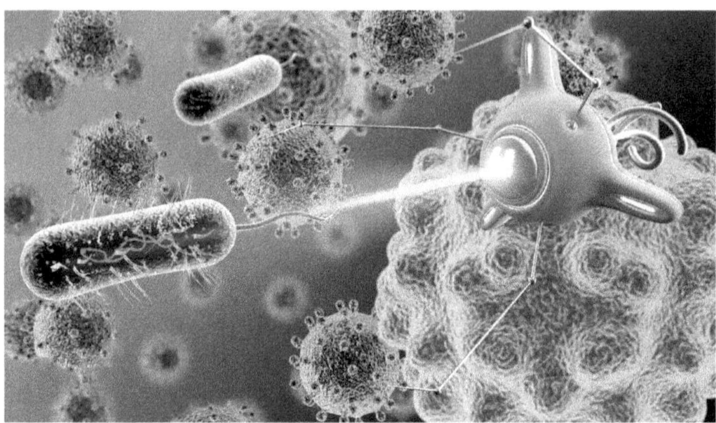

Figura VIII.1: Nessa imagem podemos ver um conceito artístico sobre o desenvolvimento de nanorrobôs cuja missão é matar tumores de câncer. Créditos: *Nature Biotechnology*.

fabricação. Embora alguns avanços de pesquisa promissores tenham sido feitos, mais pesquisas são necessárias para entender completamente os riscos e os benefícios dessa tecnologia antes de sua aplicação em humanos.

Aumentando nossa inteligência

Uma forma de aumentar nossa própria inteligência, seria realizando uma fusão ou pelo menos trabalhando em colaboração permanente com a inteligência artificial. Cooperação mútua pelo resto da história, lado a lado de mãos dadas, como uma dupla dinâmica e inseparável, inteligência natural e artificial, juntas em prol de garantir o próximo salto evolutivo de nossa civilização.

A história da inteligência artificial (IA) remonta à década de 1950, quando os primeiros algoritmos foram desenvolvidos e os primeiros computadores construídos. Durante aquela década, foram realizadas pesquisas no campo da inteligência artificial e os primeiros programas de pesquisa foram formados em universidades e centros de pesquisa.

Em 1956, a primeira conferência internacional sobre IA foi realizada no Dartmouth College, no estado de New Hampshire, Estados Unidos, onde o campo da inteligência artificial foi estabelecido como uma disciplina independente. Na década de 1960, vários sistemas de IA foram desenvolvidos, como o programa de jogo de xadrez chamado "El Ajedrezado" e o sistema de diagnóstico médico chamado "MYCIN".

Na década de 1970, a IA passou por uma série de dificuldades devido à falta de progresso significativo e à falta de fundos. No entanto, na década de 1980, houve um renascimento da IA devido a melhorias na tecnologia de processamento e ao aumento da capacidade de armazenamento de dados.

Na década de 1990, a IA começou a ter um impacto cada vez maior na sociedade, com o surgimento dos sistemas de reconhecimento de fala e de imagem e o uso de algoritmos de aprendizado de máquina em aplicações como filtragem de spam e recomendação de produtos. Hoje, a inteligência artificial tornou-se uma tecnologia-chave em uma ampla variedade de campos, da medicina ao transporte, e espera-se que continue a ter um impacto cada vez maior na sociedade no futuro. A inteligência artificial (IA) tem hoje um grande número de aplicações, algumas das quais incluem:

-Processamento de linguagem natural: a IA é usada para processar e entender a linguagem humana, permitindo o desenvolvimento de chatbots, assistentes virtuais e outros sistemas de comunicação automatizados.

-Visão computacional: a IA é usada para analisar imagens e vídeos, possibilitando o desenvolvimento de sistemas de reconhecimento facial, detecção de objetos e rastreamento de pessoas.

-Machine Learning: a IA é usada para analisar grandes quantidades de dados e aprender padrões, permitindo o desenvolvimento de sistemas de recomendação, detecção de fraudes e análises preditivas.

-Robótica: a IA é usada para controlar robôs para automatizar tarefas repetitivas e perigosas, como exploração de minas, construção de edifícios e manutenção de infraestrutura.

-Medicina: a IA é usada para analisar imagens médicas e auxiliar no diagnóstico e no tratamento de doenças.

-Autonomia do veículo: a IA é usada para controlar carros e drones autônomos, para melhorar a segurança e a eficiência no transporte.

Negócios: a IA é utilizada para melhorar a tomada de decisões nas empresas, automatizando tarefas administrativas, analisando dados e oferecendo recomendações.

É importante notar que a IA é uma tecnologia em constante evolução e espera-se que novas aplicações e inovações sejam desenvolvidas no futuro nessas áreas, assim como em outras.

Uma lenta transição da vida biológica para a eletrônica

Existe uma possibilidade de que num futuro distante, ocorra uma transição da vida biológica para a eletrônica, também conhecida como convergência da biotecnologia e tecnologia da informação e referem-se à ideia de que tecnologias que combinam elementos biológicos e eletrônicos serão desenvolvidas para criar sistemas vivos e não vivos que funcionem de maneira semelhante aos organismos biológicos. Essa transição pode ter um impacto significativo em áreas como medicina, agricultura, indústria e tecnologia da informação.

Na medicina, estão sendo investigadas maneiras de usar células e tecidos biológicos para reparar e substituir órgãos danificados ou defeituosos. Na agricultura, estão sendo investigadas formas de usar plantas geneticamente modificadas para melhorar a produção e a resistência a pragas e doenças.

Na indústria, estão sendo investigadas formas de usar microrganismos geneticamente modificados para produzir produtos químicos e biocombustíveis. Na computação, estão sendo investigadas formas de usar sistemas biológicos para armazenar e processar informações de forma mais eficiente.

No entanto, essa transição também traz desafios éticos e legais, como o acesso desigual à tecnologia e o risco de criação de organismos biológicos que podem ser prejudiciais ao meio ambiente ou à saúde humana. É importante continuar pesquisando e discutindo esses desafios para garantir que a transição da vida biológica para a eletrônica ocorra de maneira responsável e benéfica para a humanidade.

A convergência da biotecnologia refere-se à combinação de diferentes campos da biologia, como biologia molecular, genética, biologia celular e biologia sintética, com outras tecnologias, como computação, engenharia e tecnologia da informação para desenvolver novas aplicações e soluções para medicina, meio ambiente e economia de problemas.

Essa convergência permite uma maior compreensão dos sistemas biológicos e a capacidade de manipular e controlar a biologia para resolver problemas e desenvolver novos produtos e serviços. Alguns exemplos de aplicações de convergência de biotecnologia incluem:

-Medicina personalizada: A combinação da biotecnologia com a informática e a genética permite o desenvolvimento de tratamentos personalizados para doenças com base na genética e biologia molecular de cada paciente.

-Agricultura de precisão: A combinação de biotecnologia com tecnologia da informação e engenharia permite o desenvolvimento de plantas geneticamente modificadas para melhorar a produção e a resistência a pragas e doenças.

-Manufatura biológica: A combinação da biotecnologia com a engenharia permite o desenvolvimento de microrganismos geneticamente modificados para produzir produtos químicos e biocombustíveis.

-Biossensores: A combinação da biotecnologia com a engenharia permite o desenvolvimento de sensores biológicos para detectar moléculas específicas no ambiente ou no corpo humano.

A convergência da biotecnologia tem o potencial de resolver problemas médicos, ambientais e econômicos, mas também apresenta desafios éticos e legais. É importante investigar e discutir mais profundamente esses desafios para garantir que a convergência da biotecnologia é realizada de forma responsável e benéfica para a humanidade.

Desafios legais, como regulamentação e propriedade intelectual de organismos geneticamente modificados, também devem ser considerados. É importante continuar pesquisando e discutindo esses desafios para garantir que a convergência da biotecnologia seja realizada de forma responsável e benéfica para a humanidade.

Construindo mundos habitáveis

Outro presente que os cientistas devem dar para a humanidade é a capacidade de construir mundos habitáveis, ou seja, ferramentas para possibilitar o processo de criar condições favoráveis para a vida em mundos sem vida, como planetas ou luas. Isso pode incluir a criação de atmosferas, a colocação de água líquida na superfície, a manipulação da temperatura e a introdução de vida.

Atualmente a construção dos mundos habitáveis é uma área de pesquisa futurista, mas existem algumas propostas científicas para alcançar esse objetivo: Algumas propostas incluem:

-Terraformação: a manipulação da atmosfera, clima e superfície de um planeta para torná-lo mais semelhante à Terra e suportável para a vida.

-Criação de ecossistemas fechados: a criação de ambientes fechados, como biomas, que podem suportar a vida independentemente do ambiente externo.

-Colonização espacial: a transferência da vida humana e outras formas de vida para outros corpos celestes, como planetas ou luas, para criar comunidades habitáveis.

Essas propostas ainda são consideradas possibilidades para um futuro distante e não foram implementadas até hoje. A construção de mundos habitáveis é uma área de pesquisa em constante evolução e requer uma compreensão aprofundada da ciência planetária, da Biologia e da Engenharia para ser alcançada.

Materiais avançados e nanotecnologia

Outro tema que tem despertado o interesse e a imaginação de muitos cientistas e pesquisadores ao redor do mundo: os materiais avançados e a nanotecnologia. Esses campos do conhecimento têm se mostrado cada vez mais importantes e promissores e estão na vanguarda do desenvolvimento tecnológico da humanidade.

Mas o que são materiais avançados, afinal? Basicamente, eles são materiais que possuem propriedades únicas e incomuns, como uma resistência mecânica incrível, uma capacidade de condução elétrica extremamente alta ou um comportamento magnético surpreendente.

Essas propriedades são resultado de sua estrutura molecular, que é cuidadosamente projetada e controlada pelos cientistas que trabalham nessa área.

Já a nanotecnologia é o estudo e manipulação de materiais em escala nanométrica, ou seja, na escala de átomos e moléculas. Com ela, é possível criar materiais com propriedades ainda mais extraordinárias e explorar fenômenos quânticos que só se manifestam nessa escala. É como se estivéssemos abrindo uma nova janela para a compreensão da natureza e para o desenvolvimento de tecnologias revolucionárias.

Os materiais avançados e a nanotecnologia são áreas de pesquisa altamente interdisciplinares, que envolvem físicos, químicos, engenheiros, biólogos e muitos outros especialistas. Eles trabalham juntos para criar novos materiais e dispositivos que possam melhorar a qualidade de vida das pessoas e resolver problemas complexos que afetam a humanidade como um todo.

Um exemplo disso é o desenvolvimento de materiais supercondutores que poderão revolucionar a forma como geramos e distribuímos energia elétrica. Ou ainda, o uso de nanotubos de carbono para criar materiais ultraleves e ultrafortes, que poderão revolucionar a indústria aeroespacial e automotiva.

Além disso, os materiais avançados e a nanotecnologia também têm um enorme potencial para ajudar a enfrentar grandes desafios globais, como a mudança climática e a escassez de recursos naturais. Ao criar materiais mais eficientes e sustentáveis e ao desenvolver novas tecnologias de armazenamento de energia, por exemplo, podemos tornar nossa sociedade mais resiliente e menos dependente de fontes poluentes e finitas.

Por tudo isso, acredito que os cientistas que trabalham nessa área estão entre os mais corajosos, inovadores e visionários de nosso tempo. Eles estão nos conduzindo em direção a um futuro mais promissor, em que a ciência e a tecnologia são usadas para o bem comum da humanidade.

Biologia sintética e engenharia genética

A biologia sintética e a engenharia genética. Essas áreas da ciência têm a capacidade de transformar radicalmente a forma como entendemos e manipulamos os organismos vivos e, por isso, são muito importantes para o futuro da humanidade.

A biologia sintética é o estudo da vida em sua forma mais fundamental e busca entender como podemos criar organismos artificiais com funções específicas. Por meio do uso de ferramentas moleculares, como o CRISPR-Cas9, é possível editar o DNA de um organismo de maneira precisa e programável, criando novas funcionalidades e características que antes eram impossíveis de se obter.

Já a engenharia genética é o estudo da manipulação do DNA de seres vivos com o objetivo de criar organismos que possuam características desejáveis ou que possam ser utilizados para fins específicos. Isso pode ser usado para criar plantas mais resistentes a pragas, ou para desenvolver novas terapias para doenças genéticas.

Os cientistas que trabalham nessas áreas são verdadeiros artistas da vida e têm a capacidade de criar novas formas de vida que poderão revolucionar a forma como vivemos. Eles são os responsáveis por desenvolver novas terapias para doenças que antes eram incuráveis e por criar novos alimentos que poderão alimentar uma população em crescimento. Eles também têm a capacidade de ajudar a proteger a biodiversidade do nosso planeta, criando organismos capazes de limpar poluentes e resíduos tóxicos.

No entanto, é importante lembrar que a biologia sintética e a engenharia genética também têm o potencial de serem usadas para fins maléficos, como a criação de organismos que possam ser usados como armas biológicas. Por isso, é necessário que os cientistas que trabalham nessas áreas tenham uma conduta ética e responsável e que a sociedade esteja envolvida no debate sobre os limites e as aplicações dessas tecnologias.

Medicina regenerativa e terapia celular

Nesta seção gostaria de falar com vocês sobre o fascinante trabalho que os cientistas vêm desenvolvendo na área da Medicina Regenerativa e Terapia Celular. Como muitos de vocês sabem, nossa compreensão do corpo humano e das doenças que o afligem tem evoluído ao longo dos anos. Agora, graças a esses avanços na ciência, estamos entrando em uma nova era de tratamento de doenças, que pode trazer esperança e cura para milhões de pessoas.

A Medicina Regenerativa e a Terapia Celular são campos que se baseiam na capacidade do corpo humano de se curar e de se regenerar, usando células saudáveis para substituir as células doentes ou danificadas. Isso significa que em vez de simplesmente tratar os sintomas, esses tratamentos têm o potencial de curar doenças de uma vez por todas.

Os cientistas estão trabalhando em uma ampla variedade de aplicações, desde a cura de feridas e queimaduras até o tratamento de doenças crônicas, como a diabetes e a doença de Parkinson. Essas terapias podem envolver o uso de células tronco, que têm a capacidade de transformarem-se em diferentes tipos de células do corpo, ou o uso de células saudáveis para substituir as células doentes.

Além disso, a Medicina Regenerativa e a Terapia Celular também têm o potencial de revolucionar a medicina personalizada, permitindo que os médicos criem tratamentos sob medida para cada paciente com base em suas necessidades individuais. Isso poderia significar um futuro em que as doenças são tratadas com mais precisão e menos efeitos colaterais.

Com tudo isso em mente, é fácil ver como esses avanços têm o potencial de beneficiar a humanidade de maneira significativa. Mas, como sempre, a ciência não pode fazer isso sozinha. Precisamos de financiamento, apoio e, acima de tudo, curiosidade. Ainda há muito a aprender e a descobrir nesse campo fascinante e todos nós podemos ter um papel importante nessa jornada.

Desenvolvimento de energia limpa e sustentabilidade ambiental

Como seres humanos temos uma grande responsabilidade com o planeta em que vivemos. Ao longo dos anos, nossa dependência dos combustíveis fósseis tem afetado negativamente o meio ambiente e, consequentemente, nossa qualidade de vida. Mas isso pode mudar e cientistas em todo o mundo estão trabalhando incansavelmente para tornar isso uma realidade.

A ciência tem o poder de mudar o mundo e, no campo de energia limpa e da sustentabilidade ambiental, ela está fazendo exatamente isso. Os cientistas estão explorando novas tecnologias para aproveitar a energia do Sol, do vento e da água, criando fontes renováveis de energia que podem fornecer eletricidade para as casas e empresas do mundo inteiro. Essas fontes de energia renováveis são vitais para a sustentabilidade ambiental. Elas podem reduzir a emissão de gases de efeito estufa, melhorar a qualidade do ar e da água e ajudar a combater as mudanças climáticas. Além disso, elas podem ser mais acessíveis e confiáveis a longo prazo do que os combustíveis fósseis. Mas, como sempre, a ciência não pode fazer isso sozinha. Precisamos de políticas públicas e de mudanças culturais para apoiar esses esforços. As tecnologias já existem, mas precisamos investir em sua implementação e difusão em todo o mundo. Precisamos de líderes que entendam a importância da energia limpa e da sustentabilidade ambiental e que estejam comprometidos em agir.

Realidade virtual e aumentada

A Realidade Virtual e Aumentada tem o poder de transformar a maneira como interagimos com o mundo ao nosso redor. Essas tecnologias avançadas podem nos transportar para outros mundos, permitindo-nos interagir com objetos virtuais e transformar a maneira como aprendemos, como nos divertimos e até mesmo como nos curamos.

Na educação, a Realidade Virtual e Aumentada pode ser usada para tornar o aprendizado mais envolvente e divertido. Os alunos podem experimentar a história em primeira mão, visitar locais distantes e até mesmo realizar experimentos complexos que seriam impossíveis de outra forma. Essas tecnologias podem ajudar a inspirar e a engajar os alunos, abrindo novas portas para a aprendizagem.

Na área do lazer, a Realidade Virtual e Aumentada também tem muito a oferecer. Essas tecnologias podem nos transportar para outros mundos, permitindo que experimentemos jogos e experiências que antes eram impossíveis. Elas podem nos ajudar a relaxar, explorar novos mundos e até mesmo a socializar com outras pessoas.

E na área da saúde, a Realidade Virtual e Aumentada também pode ter um impacto significativo. Essas tecnologias podem ser usadas em terapias de exposição para ajudar pacientes com transtornos de ansiedade ou fobias a enfrentar seus medos de maneira segura e controlada. Elas também podem ser usadas para ajudar a gerenciar a dor, reduzir o estresse e a melhorar a qualidade de vida.

Com tudo isso em mente, é fácil ver como a Realidade Virtual e Aumentada tem o potencial de beneficiar a humanidade de maneira significativa. Mas, como sempre, precisamos continuar investindo em pesquisa e desenvolvimento para fazer essas tecnologias avançadas acessíveis a todos. Juntos, podemos criar um futuro no qual a Realidade Virtual e Aumentada possa ajudar a melhorar nossas vidas e o mundo ao nosso redor.

Automação e robótica avançada

A automação e a robótica avançada são campos que estão transformando a maneira como trabalhamos e interagimos com o mundo ao nosso redor. Com robôs cada vez mais sofisticados e sistemas automatizados, podemos realizar tarefas complexas com mais rapidez e precisão do que nunca.

Essas tecnologias avançadas têm o potencial de beneficiar a humanidade em uma ampla variedade de setores. Na indústria, elas podem ser usadas para melhorar a eficiência e a produtividade, reduzindo custos e tempo de produção. Na agricultura, elas podem ajudar a cultivar alimentos de forma mais eficiente e sustentável, aumentando o rendimento e reduzindo o desperdício.

Na área da saúde, a automação e a robótica avançada também têm o potencial de revolucionar a medicina. Os robôs podem ser usados em cirurgias complexas, permitindo que os médicos realizem procedimentos com mais precisão e segurança. Além disso, essas tecnologias podem ser usadas para criar próteses personalizadas e dispositivos médicos mais avançados.

E na área do lazer, a automação e a robótica avançada também têm muito a oferecer. Com o aumento da sofisticação dos robôs e dos sistemas automatizados, podemos criar experiências de entretenimento mais imersivas e envolventes do que nunca. Isso pode levar-nos a uma experiência de lazer mais personalizada e agradável.

No futuro, a ciência e os cientistas continuarão a desempenhar um papel fundamental no desenvolvimento da automação e da robótica avançada, que têm o potencial de mudar radicalmente a forma como vivemos e trabalhamos. Mas é importante lembrar que a tecnologia é apenas uma ferramenta e cabe a nós decidir como usá-la. Precisamos da sabedoria e do conhecimento dos cientistas para garantir que a automação e a robótica avançada sejam desenvolvidas de forma ética e responsável, para que possamos colher os benefícios dessas tecnologias sem prejudicar as pessoas ou o meio ambiente. Os cientistas são, e sempre serão, essenciais para o progresso humano e devemos valorizá-los e apoiá-los em suas buscas para compreender e melhorar nosso mundo.

Capítulo IX

Um convite especial

A ciência é uma aventura incrível que nos leva a explorar o desconhecido e a descobrir coisas que nunca imaginamos. Junte-se a nós nessa jornada emocionante.

Neil deGrasse Tyson

A ciência é a porta para o futuro. Se você quer mudar o mundo e fazer uma diferença positiva, então a ciência é a resposta. Venha se juntar a nós.

Bill Nye

Caros leitores, é com grande satisfação que chegamos ao capítulo final deste livro. Espero que a leitura tenha sido tão inspiradora e emocionante para vocês quanto foi para mim escrevê-lo. Ao longo das páginas, espero ter demonstrado a importância da ciência para a humanidade e como os cientistas sempre estarão na linha de frente, trabalhando duro para resolver os problemas mais complexos que enfrentamos.

Gostaria de aproveitar este momento para convidá-los a considerar seguir uma carreira científica. Nós precisamos de mais mentes brilhantes e dedicadas a trabalhar nas mais diversas áreas da ciência, desde a Física até a Biologia. A próxima geração de cientistas estará na linha de frente, enfrentando novos desafios e criando soluções inovadoras. Espero que, após a leitura deste livro, vocês se sintam inspirados a fazer parte dessa jornada emocionante.

Como podemos ver ao longo deste livro, a ciência é a chave para compreender o mundo natural e para explicar as coisas que nos cercam. É uma abordagem rigorosa, baseada em evidências e argumentos lógicos, que nos permite descobrir as verdades escondidas por trás dos fenômenos naturais. E a metodologia científica é a bússola que guia nossas investigações, permitindo-nos avançar na compreensão do universo.

Mas a ciência não é apenas sobre compreender o mundo. É também sobre a aventura da descoberta e a beleza da natureza. É uma jornada emocionante que nos permite apreciar a maravilha da vida e do universo. E é uma jornada que está disponível para todos, independentemente de sua formação ou de opiniões pessoais.

Por isso, eu os convido a mergulhar nesta jornada, a conhecer a ciência e a metodologia científica de forma acessível e divertida. Eu os
convido a questionar suas crenças e superstições, a buscar evidências
e argumentos lógicos para compreender o mundo ao seu redor. Eu
os convido a apreciar a beleza e a complexidade da natureza e a descobrir as verdades escondidas por trás dos fenômenos naturais.

Acredito que a ciência é a ferramenta mais poderosa que temos para
compreender o mundo que nos cerca. Ela nos permite desvendar os
mistérios da natureza, explorar as profundezas do espaço e compreender a nós mesmos.

No entanto, para que a ciência possa florescer e continuar a mudar
o mundo para melhor, precisamos de mais pessoas como vocês. Pessoas curiosas, apaixonadas e dispostas a questionar o que é conhecido e a buscar novas respostas.

Eu convido vocês a se tornarem cientistas. Não precisa ser necessa-
riamente um cientista profissional, mas sim alguém que está sempre
buscando novas informações, experimentando e aprendendo. A ciência é para todos, não importa sua formação ou crenças pessoais.

Não há nada mais gratificante do que descobrir algo novo sobre o
mundo e compartilhar esse conhecimento com outras pessoas. Então, venham juntar-se a mim nessa jornada emocionante da descoberta científica.

Ser um cientista é uma escolha emocionante e significativa, pois permite desvendar os mistérios do universo. A continuação estão algumas das razões pelas quais ser um cientista:

-Contribuir para o conhecimento humano: A ciência tem o poder de mudar o mundo e melhorar a vida das pessoas. Como cientista, você terá a oportunidade de contribuir para o acúmulo de conhecimento e ajudar a resolver problemas importantes enfrentados pela humanidade.

-Desafio intelectual: A ciência é uma jornada constante de aprendizado e de desafio. Se você está sempre procurando um desafio intelectual e é apaixonado por descobrir novas coisas, a ciência pode ser uma ótima escolha para você.

- Aplicação prática: A ciência tem aplicações práticas na vida cotidiana, ajudando a resolver problemas e a melhorar as condições de vida das pessoas. Como cientista, você terá a oportunidade de fazer uma diferença real na vida das pessoas.

- Carreira gratificante: A ciência é uma carreira gratificante, pois permite trabalhar em projetos emocionantes e desafiantes e contribuir para o avanço da humanidade. Além disso, os cientistas têm a oportunidade de colaborar com outros profissionais talentosos e de aprender continuamente.

Quais são as carreiras que devo seguir para me tornar um cientista?

Existem várias carreiras científicas diferentes que você pode escolher, dependendo de suas habilidades, interesses e área de especialização. Algumas das carreiras mais comuns na ciência incluem:

-Biologia: Estudar a vida e seus processos, incluindo a evolução, a genética e a biotecnologia.

-Química: Estudar as propriedades e reações das substâncias químicas e suas aplicações em diferentes áreas, como a medicina e a tecnologia.

-Física: Estudar a natureza e o comportamento da matéria e da energia, incluindo a mecânica, a termodinâmica e a astrofísica.

-Astronomia: Estudar o universo, incluindo as estrelas, planetas, galáxias e a origem do universo.

-Geologia: Estudar a Terra e seus processos geológicos, incluindo a formação de rochas, terremotos e vulcões.

-Engenharia: Aplicar princípios científicos para solucionar problemas práticos, incluindo a engenharia mecânica, elétrica e civil.

-Medicina: Estudar a saúde humana e aplicar conhecimentos científicos para prevenir e tratar doenças.

Cada uma dessas carreiras científicas oferece diferentes desafios e oportunidades e é importante escolher a que melhor se encaixa com suas habilidades e interesses. Além disso, é importante estudar bastante e especializar-se em uma área específica para tornar-se um cientista competente e bem-sucedido.

Um convite ás autoridades e investidores privados

Caros leitores, gostaria também de aproveitar a oportunidade neste livro para falar sobre a importância da pesquisa científica para o nosso mundo. Como muitos de vocês já sabem, sou um grande defensor da ciência e da busca pelo conhecimento. Acredito que investir em pesquisa básica e aplicada é fundamental para o progresso da humanidade e para a solução dos grandes desafios que enfrentamos atualmente.

Infelizmente, nem sempre os governos e os investidores privados reconhecem a importância da ciência e do conhecimento para a nossa sociedade. Muitas vezes, vemos cortes no financiamento da pesquisa científica e a falta de apoio para empreendimentos científicos. Isso é um grande erro e pode ter consequências graves para o nosso futuro.

Investir em pesquisa básica e aplicada é fundamental não apenas para o avanço da ciência e da tecnologia, mas também para melhorias no setor econômico e social de um país. A ciência é uma ferramenta poderosa para encontrar soluções inovadoras e sustentáveis para os nossos problemas, como a mudança climática, as doenças e a pobreza. Além disso, a ciência e a tecnologia são responsáveis por muitas das grandes descobertas e invenções que mudaram o mundo, desde a eletricidade até a internet.

Por isso, gostaria de convidar as autoridades e os investidores privados a apoiarem mais os cientistas e empreendimento científicos. Devemos reconhecer a importância da pesquisa e do conhecimento para a nossa sociedade e investir em ciência e tecnologia de forma mais ampla e sistemática. Se fizermos isso, tenho certeza de que veremos grandes avanços e melhorias em nossa sociedade e de que a ciência continuará a nos surpreender e nos inspirar.

Nesse mesmo sentido, gostaria de chamar a atenção para a impor-

Figura IX.1: Nessa imagem podemos ver o novo maior museu do mundo dedicado à astronomia em Xangai, China, assinado pelo escritório *Ennead Architects*. Este complexo cultural cria uma experiência imersiva que coloca os visitantes em contato direto com fenômenos astronômicos. Fonte: ArchExists/CASACOR

tância dos complexos de ciência, observatórios astronômicos e planetários em nossas cidades. Esses espaços são fundamentais para a divulgação da ciência e do conhecimento, permitindo que alunos da educação básica e o público em geral tenham contato com as maravilhas do universo e do mundo natural.

Além de despertar o interesse das crianças pela ciência, esses complexos podem ajudar a formar uma nova geração de cientistas e pesquisadores, inspirando jovens talentosos a seguir uma carreira na área.

Também podem contribuir para a educação e o desenvolvimento da sociedade, disseminando informações precisas e atualizadas sobre ciência e tecnologia.

Infelizmente, muitas cidades brasileiras ainda não possuem esses espaços, a exemplo, vou citar a cidade de Teresina - Piauí como sendo uma das poucas capitais brasileiras que não possui um planetário ou observatório. Isso é um grande problema, pois impede que muitos alunos e pessoas interessadas tenham acesso a esses recursos e oportunidades.

Por isso, gostaria de encorajar as autoridades locais e a população em geral a apoiar a criação de complexos de ciência, observatórios astronômicos e planetários em suas cidades. Devemos valorizar a ciência e o conhecimento como um patrimônio da humanidade, e investir em espaços educativos que possam inspirar e educar as gerações futuras. Com isso, tenho certeza de que veremos grandes avanços e melhorias em nossa sociedade e que as crianças e jovens de Teresina e de outras cidades do Brasil terão acesso a um mundo de descobertas e de possibilidades.

Algumas associações cientificas no Brasil e no mundo

As associações científicas são importantes para a comunidade científica por várias razões. Em primeiro lugar, elas oferecem aos cientistas uma plataforma para compartilhar suas pesquisas, ideias e conhecimentos. Elas também promovem a colaboração entre cientistas de diferentes áreas, o que pode levar a descobertas importantes e a avanços significativos na ciência.

Além disso, as associações científicas também desempenham um papel importante na defesa e na promoção da ciência. Elas ajudam a garantir que a ciência seja financiada de maneira adequada e que os cientistas tenham as condições necessárias para realizar seu trabalho de maneira eficaz. Elas também se esforçam para garantir que a ciência seja comunicada de maneira precisa e acessível ao público em geral.

Por fim, as associações científicas oferecem aos cientistas a oportunidade de se envolver em atividades profissionais, como participar de conferências e workshops, e de desenvolverem-se como líderes na sua área de especialização. Isso pode ajudar a impulsionar a carreira de um cientista e a aumentar sua visibilidade e impacto na comunidade científica. Vejamos abaixo alguns exemplos de associações científicas:

1. Sociedade Brasileira de Bioquímica e Biologia Molecular (SBBq) - É uma sociedade científica que visa promover o desenvolvimento da bioquímica e biologia molecular no Brasil.

2. Associação Brasileira de Astronomia (ABRAS) - É uma organização sem fins lucrativos que tem como objetivo promover e difundir a astronomia no Brasil.

3. Associação Brasileira de Ecologia (ABE) - É uma organização científica que tem como objetivo promover e difundir o conhecimento e a prática da ecologia no Brasil.

4. Sociedade Brasileira de Física (SBF) - É uma sociedade científica que tem como objetivo promover o desenvolvimento e difusão da física no Brasil.

5. Academia Brasileira de Ciências (ABC): é uma sociedade científica independente, sem fins lucrativos, fundada em 1916 com o objetivo de promover e divulgar o avanço da ciência no Brasil.

6. Associação Brasileira de Química (ABQ): é uma organização sem fins lucrativos dedicada à promoção da química e à formação de químicos no Brasil.

7. Associação Nacional de Pós-Graduação e Pesquisa em Ciências Biológicas (ANPPQCB): é uma organização sem fins lu-

crativos dedicada à promoção da pesquisa e da Pós-graduação em ciências biológicas no Brasil.

8. Sociedade Brasileira de Matemática Aplicada e Computacional (SBMAC): é uma organização sem fins lucrativos dedicada à promoção da matemática aplicada e computacional no Brasil, incentivando a pesquisa e o desenvolvimento tecnológico na área.

9. Sociedade Brasileira para o Progresso da Ciência (SBPC) - é uma das mais importantes associações de ciência do Brasil, fundada em 1948. Ela tem como objetivo promover o avanço das ciências no país, além de fomentar a pesquisa científica e a formação de novos cientistas.

10. Associação Americana para o Avanço da Ciência (AAAS): Fundada em 1848, é a maior organização de ciência dos Estados Unidos, com mais de 120.000 membros. Seu objetivo é promover a ciência e sua aplicação para ajudar a resolver problemas globais.

11. Sociedade Real Britânica de Ciências (RS): Fundada em 1660, é uma das mais antigas e prestigiadas sociedades científicas do mundo. Ela oferece recursos para cientistas, incluindo oportunidades de pesquisa, conferências e publicações.

12. Academia Nacional de Ciências (NAS): Fundada em 1863, é uma organização independente que fornece aconselhamento

e apoio à política científica dos Estados Unidos. Tem como objetivo aprimorar a compreensão pública da ciência e estimular a inovação.

13. União Internacional de Ciências (IUMS): Fundada em 1919, é uma organização científica com sede em Paris, França. A IUMS tem como objetivo promover a cooperação internacional na ciência, bem como a integração de pesquisadores em todo o mundo.

14. Organização Internacional de Ciências Médicas (IOMS): Fundada em 1928, é uma organização internacional dedicada a promover a colaboração entre cientistas de todo o mundo e aprimorar a compreensão da saúde global. Tem como objetivo apoiar a pesquisa e o desenvolvimento de soluções para problemas de saúde global.

15. Graviton Scientific Society (GSS): Fundada em 16 de dezembro de 2014, é uma organização privada, sem fins lucrativos dedicada à promover a colaboração entre cientistas, professores, divulgadores científicos e amantes da ciência e da razão.

16. American Physical Society (APS): Fundada em 1899, a APS é uma organização profissional que representa a comunidade física nos Estados Unidos. Ela publica revistas científicas, organiza conferências e oferece recursos para aprimorar a educação em física.

17. European Physical Society (EPS): Fundada em 1968, a EPS é uma organização europeia de físicos que visa promover a colaboração entre físicos em toda a Europa. Ela organiza conferências e publica revistas científicas, além de fornecer recursos para aprimorar a educação e treinamento em física.

18. Institute of Physics (IOP): Fundado em 1874, o IOP é uma organização profissional de físicos no Reino Unido. Ele publica revistas científicas, organiza conferências e oferece recursos para aprimorar a educação em física.

19. Physical Society of Japan (JPS): Fundada em 1948, a JPS é uma organização profissional de físicos no Japão. Ela publica revistas científicas, organiza conferências e oferece recursos para aprimorar a educação e treinamento em física.

20. Chinese Physical Society (CPS): Fundada em 1956, a CPS é uma organização profissional de físicos na China. Ela publica revistas científicas, organiza conferências e oferece recursos para aprimorar a educação e treinamento em física.

Sugestão de livros para leitura

A leitura é uma das maiores ferramentas que possuímos para expandir nossa compreensão do mundo e expandir nossos horizontes. Por isso, permita-me sugerir alguns livros que, ao longo dos anos, têm me inspirado e enriquecido a alma. São obras que abordam temas variados, desde a ciência até a filosofia, passando pela história e pela ficção. Cada uma delas irá lhe oferecer uma visão única e valiosa sobre o mundo e sobre nós mesmos.

Acredito que a leitura é uma das chaves para uma vida mais plena e significativa. Então, venha comigo e mergulhe nas páginas destes livros. Tenho certeza de que você não se arrependerá.

1. **Cosmos** - Nesse livro, Sagan explora a história da ciência e do universo, desde o Big Bang até o papel da humanidade na exploração espacial.

2. **O Mundo Assombrado pelos Demônios** - Esse livro discute a natureza da ciência e do pensamento crítico.

3. **Um Pálido Ponto Azul** - Nesse livro, Sagan fala sobre a história da vida na Terra e a importância de proteger nosso planeta.

4. **Contato** - Esse romance de ficção científica de Sagan, segue a jornada de uma cientista que descobre evidências de vida extraterrestre.

5. **Variedades da Experiência Científica** - Nesse livro, Sagan explora a filosofia e a metodologia da ciência, bem como as complexidades do conhecimento científico.

6. **Cometa** - Esse romance de ficção científica de Sagan, segue uma equipe de astronautas que descobrem um cometa com a possibilidade de trazer vida extraterrestre para a Terra.

7. **Os Dragões do Éden** - Esse livro de Saga, explora a evolução da inteligência humana.

8. **Visões para o Século 21**- Nesse livro Sagan oferece uma perspectiva única e esperançosa sobre como a ciência pode ajudar a resolver os problemas mais urgentes do mundo.

9. **Murmúrios da Terra**- Nesse livro, Sagan compartilha suas experiências e reflexões sobre a humanidade, o meio ambiente e o universo como um todo.

10. **Vida Inteligente no Universo**- Nesse livro Sagan explora a possibilidade de que existam outras formas de vida no universo, oferecendo uma perspectiva fascinante sobre a natureza do nosso lugar no cosmos.

11. **O Gene Egoísta** - Nesse livro, Dawkins propõe a ideia de que os genes, e não os indivíduos ou as espécies, são a unidade fundamental da seleção natural.

12. **A Escalada do Monte Improvável** - Nesse livro, Dawkins explora a teoria da evolução e os mecanismos pelos quais a complexidade biológica pode surgir.

13. **Desvendando o Arco-Íris** - Nesse livro, Dawkins explora a biologia e a evolução da cor e do sexo, oferecendo uma visão fascinante da diversidade da vida na Terra.

14. **A Magia da Realidade** - Nesste livro, Dawkins explora a ciência e as explicações racionais para os mistérios do universo, desde a formação do universo até a origem da vida na Terra.

15. **Ciência na Alma** - Esse livro é uma coletânea de ensaios em que Dawkins discute questões científicas e filosóficas relacionadas à vida, ao universo e à sociedade.

16. **O Rio que Saía do Éden**- Nesse livro Richard Dawkins, aborda a história da vida na Terra, desde os primeiros organismos unicelulares até a evolução humana.

17. **A Física do Impossível de** de Michio Kaku - esse livro explora a possibilidade de viagens no tempo, teletransporte e outras ideias "impossíveis"da ficção científica.

18. **Autobiografia de Marie Curie** de Marie Curie -A duas vezes ganhadora do Prêmio Nobel, conta sua história nesta autobiografia, incluindo suas descobertas fundamentais sobre radioatividade e suas lutas como mulher em um mundo dominado por homens.

19. **A Dança do Universo** de Marcelo Gleiser - Nesse livro explora a intersecção entre a física e a espiritualidade, bem como

as origens do universo.

20. **Uma Breve História do Tempo** por Stephen Hawking - Esse livro é uma introdução acessível aos conceitos básicos da física, incluindo a teoria da relatividade e a mecânica quântica.

21. **O Quark e o Jaguar** de Murray Gell-Mann - Gell-Mann é um físico teórico que ganhou o Prêmio Nobel em 1969, e este livro explora a natureza da complexidade e da diversidade no universo.

22. **A Estrutura da Revolução Científica** de Thomas Kuhn - Kuhn foi um historiador da ciência e filósofo que ganhou o Prêmio Nobel em 1962, e este livro é uma reflexão sobre a natureza da ciência e a forma como os paradigmas científicos mudam ao longo do tempo.

23. **A Química e a Vida** de Linus Pauling - Pauling ganhou o Prêmio Nobel em Química duas vezes, e este livro explora a relação entre a química e a vida, incluindo a estrutura do DNA e a bioquímica da saúde e da doença.

24. **Quarks, Leptons e os Big Bang** de Jonathan Allday - Allday é um físico e escritor, e este livro oferece uma introdução acessível à física de partículas e à origem do universo.

25. **O Universo Elegante** de Brian Greene - Esse livro aborda a física teórica e a teoria das cordas, oferecendo uma explicação acessível para os conceitos mais complexos da física moderna.

26. **A Origem das Espécies** de Charles Darwin - Esse livro seminal é uma leitura fundamental para quem deseja entender a teoria da evolução e seu impacto na ciência e na sociedade.

27. **A Dança do Tempo** de Sir Roger Penrose - Penrose é um físico teórico e matemático que explora questões relacionadas à relatividade e à mecânica quântica nesse livro.

Edwar Montenegro é graduado em licenciatura em Física (IFPI), mestre e doutorando em Ciência e Engenharia de Materiais (UFPI). Ele também é sócio-fundador na Graviton Scientific Society e professor de robótica e metodologias STEAM com ênfase em tecnologias espaciais na educação básica.

Se tiver sugestões, criticas ou qualquer comentário, pode usar qualquer uma das redes sociais a seguir:

Instagram: *@edwarmontenegro_*

YouTube: *@edwarmontenegro_*

TikTok: *@edwarmontenegro*

www.edwardmontenegro.com

9 786500 632019